Lucy Daniels

Delfinzauber – Das Geschenk des Meeres

Lucy Daniels wuchs in Yorkshire (England) auf. An der Universität studierte sie Englische Literatur. Seit einigen Jahren ist sie freiberufliche Schriftstellerin und schreibt oft Kinderbücher, in denen Tiere eine Hauptrolle spielen. Sie lebt mit ihrem Hund und zwei Katzen in West-London.

Lucy Daniels

Delfinzauber
Das Geschenk des Meeres

Aus dem Englischen
von Christine Gallus

Ravensburger Buchverlag

Als Ravensburger Taschenbuch
Band 52338
erschienen 2007

Die Originalausgabe
erschien 2000 unter dem Titel
„Dolphin Diaries – Under the Stars“
bei Hodder Children's Books, London

Created by Working Partners Limited,
London W6 0QT

Die deutsche Erstausgabe erschien 2002
unter dem Titel
„Jody und die Delfine – Warten auf
die Delfin-Babys“ (RTB 52207)
im Ravensburger Buchverlag

Umschlagillustration: Silvia Christoph

Printed in Germany

1 2 3 4 5   11 10 09 08 07

ISBN 978-3-473-52338-2

www.ravensburger.de

Mit besonderem Dank an Lisa Tuttle.
Wir danken auch Dr. Horace Dobbs
von „International Dolphin Watch“,
der die Informationen über die Delfine
überprüft hat.

Kapitel 1

18. August, später Vormittag. Nassau, Bahamas.

Mir reicht's! Eigentlich wollten wir heute weitersegeln, aber jetzt ist es schon fast Mittag und wir liegen immer noch im Hafen. Mom und Dad aktualisieren unsere Website und schreiben E-Mails. Sie wollen unbedingt noch alles hier an Land erledigen, weil es auf See so teuer ist, online zu gehen. Ich würde ja auch gerne eine E-Mail an Lindsay schreiben (obwohl es eigentlich nichts Neues zu berichten gibt), aber Brittany beharrt darauf, dass sie an der Reihe ist. Müsste ich bloß nicht meinen Computer mit ihr teilen!

Jody McGrath seufzte und ließ den Stift sinken. Sie saß auf ihrem Lieblingsplatz an Bord der *Dolphin Dreamer*. Auf See verbrachte sie oft Stunden auf dem Vorderdeck und hielt nach Delfinen Ausschau. Ihr Blick glitt über das Hafenbecken. Vorhin hatte sie von weitem die Silhouette eines Delfins gesehen. Vermutlich ein Tümmler. Leider war er nicht näher gekommen.

Im Jachthafen war es heute ungewöhnlich still. Jodys Blick verweilte nachdenklich auf den anderen Booten, die am Steg vertäut waren. Normalerweise herrschte hier ein ständiges Kommen und Gehen, doch im Moment war keine Menschenseele zu sehen. Es war völlig windstill und am Himmel türmten sich dunkelgraue Wolken.

In diesem Moment fing es schlagartig zu regnen an. Jody zuckte überrascht zusammen. Es war, als würde ihr jemand einen Eimer Wasser über den Kopf kippen. Außerdem hörte es nicht auf. Sie sprang hastig auf und drückte ihr Tagebuch fest an sich. Der Regen prasselte mit voller Wucht auf sie nieder. Sie hastete unter Deck. Ihre Eltern, Craig und Gina McGrath, saßen im Salon vor ihrem Computer. Als sie durch die Luke kletterte, blickten sie auf.

„Meine Güte, Jody. Du bist ja klatschnass!“, rief ihre Mutter.

„Bist du etwa über Bord gegangen?“, fragte ihr Vater

grinsend und sah sie mit hochgezogenen Augenbrauen schelmisch an.

Jody schüttelte den Kopf und verteilte kleine Wassertröpfchen auf dem Tisch.

„Hey, pass doch auf!“, blaffte Brittany. „Du machst ja alles ganz nass!“ Sie hob abwehrend die Hände, als wäre Jody ein Hund, der jeden Moment an ihr hochspringen könnte.

„Tut mir Leid“, seufzte Jody.

Maddie, die Assistentin der McGraths, warf ihr ein Handtuch zu.

Jody fing es auf. „Danke“, sagte sie und erwiderte Maddies amüsiertes Lächeln. Vorsichtig tupfte sie den Einband ihres Tagebuchs trocken und stellte erleichtert fest, dass es den Wolkenbruch unbeschadet überstanden hatte. „Draußen gießt es in Strömen“, sagte sie, während sie sich trocken rieb.

Brittany wandte sich mit besorgter Miene an ihren Vater, den Kapitän. „Das ist doch hoffentlich kein Hurrikan, oder?“

Harry Pierce lächelte seiner Tochter beruhigend zu und schüttelte den Kopf. „Keine Angst, mein Schatz. Ich habe gerade erst den neuesten Wetterbericht gehört. Es ist zwar gerade Hurrikan-Saison, aber das ist nur ein ganz normaler tropischer Schauer – wie die beiden von letzter Woche. In einer halben Stunde ist wahrscheinlich schon alles wieder vorbei und dann können wir in See stechen." Er sah Craig fragend an. „Das heißt, natürlich nur, wenn ihr so weit seid?"

Jody hatte das Gefühl, dass es Harry genau wie sie kaum noch abwarten konnte, endlich aufzubrechen.

„Wir sind so gut wie fertig", antwortete Craig ihm lächelnd. „Das heißt ..."

„Warte mal, da kommt gerade eine neue E-Mail", fiel ihm Gina ins Wort. „Vielleicht ist sie ja von meiner Schwester!" Dann runzelte sie enttäuscht die Stirn. „Nein, die ist von Matt."

Jody sah neugierig auf den Computer-Bildschirm. Sie hatten gerade mehrere Wochen mit Matt Anderson verbracht. Der ehemalige Studienfreund ihres Vaters erforschte schon seit Jahren die Atlantischen Fleckendelfine der *Kleinen Bahamabank*. Bei ihrem Aufenthalt dort hatte sie sich mit mehreren dieser Delfine angefreundet.

„Schreibt er etwas über die Delfine?", fragte sie und stellte sich hinter ihre Mutter.

„Oh nein", stöhnte Gina.

Jody las die Mail.

Alicia Levy meint, sie hätte noch nichts von euch gehört. Warum nicht? Vergesst bloß nicht, dem „Delfinland" einen Besuch abzustatten. Das solltet ihr euch nicht entgehen lassen, glaubt mir, ich weiß, wovon ich spreche!

Herzliche Grüße

Matt

Jody runzelte die Stirn. „‚Delfinland'? Was ist denn das?", wandte sie sich an ihren Vater.

„Ein Forschungsinstitut", antwortete Craig. „Alicia und Dan Levy sind Tierärzte für Meeressäuger und haben das Institut vor ein paar Jahren gegründet. Anscheinend leisten sie erstaunliche Arbeit." Er zuckte bedauernd mit den Schultern. „Ich habe Matt eigentlich fest versprochen, dass wir die beiden besuchen."

Gina schüttelte den Kopf. „Ich weiß, Schatz. Aber ich finde, wir sollten es trotzdem ausfallen lassen", sagte sie. „Schließlich können wir ja nicht jeden Delfinforscher auf der ganzen Welt besuchen …" Sie sah Craig an.

Er nickte nachdenklich.

„Wie wär's, wenn ich Alicia Levy eine E-Mail schicke", schlug Gina vor. „Ich sage ihr, dass wir leider nicht persönlich vorbeikommen konnten und frage sie, ob sie Lust hat, ihre Forschungsergebnisse auf unserer Website zu veröffentlichen."

Craig nickte. „Gute Idee. Sie hat bestimmt Verständnis dafür. Und dann kannst du ja mal bei deiner Schwester anrufen. Damit du beruhigt bist."

Gina warf ihm einen überraschten Blick zu.

Craig lächelte liebevoll. „Nicht nur Zwillinge können Gedanken lesen. Ehemännern gelingt das auch manchmal. Na los, mach schon. Ich kann es nicht mit ansehen, wenn du dir Sorgen machst."

Jody runzelte die Stirn. „Warum machst du dir denn Sorgen um Tante Maria, Mom?", fragte sie.

Gina drückte Jodys Hand. „Ich mache mir nicht wirklich Sorgen. Ich musste nur in den letzten Tagen oft an sie denken und das ist normalerweise nur der Fall, wenn sie auch viel an mich denkt. Was mich wundert, ist, dass sie meine letzten beiden E-Mails nicht beantwortet hat. Das sieht ihr eigentlich gar nicht ähnlich."

„Also, worauf wartest du? Ruf sie an!", drängte Craig.

Gina nickte. „Mach ich. Aber zuerst schreibe ich noch die Mail an Alicia Levy."

Jody dachte über die spezielle Verbindung zwischen ihrer Mutter und Tante Maria nach und versuchte sich vorzustellen, wie es wäre, eine Zwillingsschwester zu haben. Nachdenklich blickte sie zum anderen Ende des Raumes, wo ihre Brüder Sean und Jimmy an einem Modellauto herumbastelten. Die beiden Zwillingsbrüder machten praktisch alles zusammen. Jody konnte sich die beiden kaum in zwei verschiedenen Räumen vorstellen und schon gar nicht als Erwachsene, die ein getrenntes Leben führten, so wie ihre Mutter und Tante Maria.

Jody ging in ihre Kabine, um ihr Tagebuch zu verstauen und sich etwas Trockenes anzuziehen. Als sie wieder in den Salon zurückkam, war ihre Mutter verschwunden. Dr. Jefferson Taylor hatte sich zu ihrem Vater und dem Kapitän gesellt. Die Männer besprachen die weitere Reiseroute.

Dr. Taylor arbeitete für den Ölkonzern PETROCO, dem Hauptsponsor des Forschungsprojektes. Die Firma hatte es zur Bedingung gemacht, einen ihrer Mitarbeiter mit auf die Reise zu schicken. Der schrullige und altmodische Wissenschaftler begleitete sie nun schon seit zwei Monaten, doch er hatte sich immer noch nicht in das Leben an Bord der *Dolphin Dreamer* integriert. Eigentlich wusste keiner so genau, worin eigentlich seine Aufgabe bestand – nicht einmal er selbst!

Dem Wissenschaftler schienen die Reisepläne ihrer Eltern gar nicht zu gefallen.

„Gibt es nicht noch Kollegen auf den Bahamas, die wir besuchen sollten?“, erkundigte sich Dr. Taylor. „Ich würde mir lieber noch einige Forschungseinrichtungen ansehen, anstatt mich auf dem offenen Meer herumzutreiben.“

Ein ärgerlicher Ausdruck huschte über das sonst so

freundliche Gesicht ihres Vaters. „Darf ich Sie daran erinnern", sagte er ruhig, „dass es bei unserem Projekt hauptsächlich darum geht, wild lebende Delfine zu erforschen und sich nebenbei mit anderen Wissenschaftlern auszutauschen? Wir haben hier zwar Atlantische Fleckendelfine und Große Tümmler angetroffen, aber in der Ostkaribik warten knapp ein Dutzend verschiedene Arten auf uns: Unter anderem Rundkopfdelfine, Orcas, Grindwale und Pottwale." Er tippte mit dem Finger auf die Regionen auf der Karte, in denen die Tiere lebten.

Jody hielt den Atem an. „Wirklich, Dad? Wir werden auch Wale sehen?"

Ihr Vater nickte lächelnd. „Du musst nur die Augen offen halten. Ich bin mir sicher, dass wir Pottwalen und Zwergpottwalen begegnen werden. Für die Buckelwale sind wir leider noch etwas zu früh dran. Die kommen erst im Januar in die Karibik."

„Entschuldigen Sie bitte", erklärte Dr. Taylor pikiert. „Darf ich *Sie* daran erinnern, dass PETROCO das Forschungsprojekt ‚Planet Delfin' und nicht ‚Planet Wal' unterstützt!"

Craig holte tief Luft. „Streng genommen ja ...", begann er. Dann hielt er kopfschüttelnd inne. „Na schön, Dr. Taylor, vergessen Sie die Wale. Konzentrieren Sie sich einfach auf die Delfinarten, die wir beobachten werden, und ich werde Ihnen keine weiteren Fragen stellen."

Jody verkniff sich mühsam das Lachen. Dr. Taylor machte ein Gesicht, als wüsste er nicht so recht, ob er sich nun über Craigs Äußerung freuen oder ärgern sollte.

In diesem Moment betrat Gina den Raum. Sie hatte ein Funktelefon in der Hand und sah besorgt aus. „Ich wollte Maria an ihrer Arbeitsstelle anrufen, aber dort hat man mir gesagt, dass sie sich krankgemeldet hat. Und zu Hause geht sie nicht ans Telefon."

„Vielleicht ist sie ja gerade beim Arzt", meinte Craig.

Gina nickte, doch Jody sah ihr an, dass sie sich weiter Sorgen machte.

„Ich schicke ihr noch eine Mail", beschloss ihre Mutter, „und schreibe ihr, dass sie mich unbedingt sofort anrufen soll."

Während Gina die Nachricht an ihre Schwester am Computer tippte, kam Cameron Tucker zu ihnen nach unten geklettert. Der kräftige, gut aussehende, blonde Schiffsmaat kam aus Florida.

„Es hat aufgehört zu regnen und wir haben einen schönen, kräftigen Wind", informierte sie Cameron. „Besseres Wetter zum Segeln werden wir heute nicht mehr bekommen. Was meinst du, Captain?" Er sah Harry Pierce fragend an.

Harry tauschte einen Blick mit Craig.

Craig wandte sich an seine Frau, die mit gerunzelter Stirn vor dem Computerbildschirm saß. „Sollen wir noch ein bisschen warten?“, fragte er sie.

Gina schüttelte den Kopf und loggte sich seufzend aus. „Nein, ich will schließlich nicht den ganzen Betrieb aufhalten“, antwortete sie. „Ich kann ja später meine E-Mails ausnahmsweise auf See abfragen.“

„Natürlich“, erklärte Craig lächelnd. „Ein paar Minuten online via Satellit werden uns schon nicht finanziell ruinieren.“

Er wandte sich wieder an Harry. „Von uns aus kann's losgehen.“

Harry nickte. „Bereitmachen zum Ablegen“, sagte er zu Cam.

Sean und Jimmy sprangen auf. „Dürfen wir dir helfen?“, fragte Jimmy.

„Aber nur wenn ihr meine Anweisungen genau befolgt“, antwortete der Kapitän streng. Doch seine Augen funkelten belustigt.

„Aye-aye, Sir“, antworteten die Jungs im Chor und kletterten hinter Cam durch die Luke nach oben.

Harry sah seine Tochter an. „Brittany, könntest du bitte …“

„Ich bin beschäftigt!“, erklärte sie knapp, ohne vom Computer aufzublicken.

„Na dann eben nicht“, sagte er leise und wandte sich mit hängenden Schultern ab.

Harry tat Jody wirklich Leid. Er bemühte sich sehr um seine Tochter, doch die schien das nicht einmal zu merken. Brittany hatte sich inzwischen damit abgefunden, dass sie wohl mehrere Monate auf der *Dolphin Dreamer* würde verbringen müssen. Trotzdem war sie immer noch schrecklich launisch und man wusste nie, wie sie reagieren würde. Dass ihre Mutter einfach ohne sie nach Frankreich gefahren war, machte sie immer noch wütend und das mussten nun alle ausbaden – ganz besonders ihr Vater.

Jody folgte ihren Eltern an Deck. Vielleicht hatte sie ja Glück und erhaschte noch einen Blick auf den Tümmler, den sie vorher erspäht hatte. Oder sie begegneten einer Gruppe von Delfinen, die mit ihnen um die Wette schwammen, wenn sie die Insel *New Providence* hinter sich ließen.

Die *Dolphin Dreamer* glitt zügig durch das glitzernde, klare blaue Wasser aufs offene Meer hinaus.

Jody entdeckte tatsächlich eine Delfinschule. Allerdings war sie zu weit weg, um zu erkennen, um welche Art es sich handelte. Sie war froh, wieder unterwegs zu sein, und freute sich schon auf die Delfine und Wale, denen sie bald begegnen würden. Ein köstlicher Duft drang aus der Kombüse und Jody merkte plötzlich, wie hungrig sie war. Sie ging nach unten.

„Ah, Jody!“ Mei Lin, die Schiffsköchin und Maschinistin, sah lächelnd auf. „Bitte sei so nett und sag den anderen, dass das Essen in fünf Minuten fertig ist.“

„Mach ich“, erklärte Jody und erwiderte das Lächeln der zierlichen Chinesin. „Das riecht aber lecker!“

Im Salon traf Jody auf ihre Mutter. Sie saß am Computer. „In fünf Minuten gibt's Essen“, verkündete sie.

„Gut. Bin gleich fertig“, versprach Gina und klickte auf ein Symbol. „Ich schau nur schnell nach, ob Tante Maria schon geantwortet hat.“

Jody spähte ihrer Mutter neugierig über die Schulter.

Gina seufzte und schüttelte den Kopf. „Wahrscheinlich hat sie heute noch nicht in ihre Mailbox geschaut. Dafür hat Alicia Levy schon geantwortet ... Mal sehen, was sie schreibt.“ Gina drückte auf die Maustaste und begann Alicias Nachricht zu lesen.

„Riecht das hier nach Essen oder täusche ich mich?“, fragte Craig, als er eintrat.

Jody nickte lächelnd.

„Das glaube ich einfach nicht ...“, sagte Gina leise. „Vielleicht sollten wir unsere Pläne noch mal ändern und dem ‚Delfinland‘ doch einen Besuch abstatten.“

„Wie bitte?", sagte Craig verwundert. „Was liest du denn da?"

„Eine Mail von Alicia Levy", erklärte ihm Jody nicht weniger verwundert.

„Was schreibt sie denn?", erkundigte sich Craig.

„Sie schreibt, dass es ihr wirklich sehr Leid tut, dass wir sie nicht besuchen können", antwortete Gina, ohne den Blick vom Bildschirm abzuwenden. „Denn im ‚Delfinland' passiert zurzeit etwas ganz Besonderes. Sie ist rund um die Uhr damit beschäftigt, drei Delfine zu betreuen …"

„Wieso? Was ist denn mit denen?", fragte Jody ihre Mutter besorgt.

„Sie sind alle drei trächtig", antwortete Gina. Sie blickte zu Craig auf und lächelte. „Und werden demnächst ihre Jungen zur Welt bringen!"

Craig pfiff leise durch die Zähne. „Drei trächtige Delfinweibchen in einem Forschungsinstitut! Und dann auch noch alle gleichzeitig. Das ist wirklich ungewöhnlich!" Er nickte seiner Frau zu. „Du hast Recht. Das müssen wir uns unbedingt ansehen!"

Jody war völlig aus dem Häuschen. „Bleiben wir dort so lange, bis die Jungen geboren werden?", fragte sie aufgeregt. Etwas Schöneres konnte sie sich kaum vorstellen.

„Da kannst du Gift drauf nehmen!", sagte Craig und

drückte sie an sich. Dann begann er übermütig, mit ihr durch die Kabine zu tanzen.

„Das ist eine einmalige Chance. Die dürfen wir uns auf keinen Fall entgehen lassen“, bestätigte Gina. „So etwas erlebt man nicht alle Tage.“ Sie schüttelte lachend den Kopf. „Matt hätte uns wirklich sagen können, was es dort so Besonderes zu sehen gibt. Alicia Levy wird uns für ziemliche Chaoten halten. Erst erzählen wir, dass wir leider nicht kommen können, und dann kreuzen wir plötzlich doch noch auf!“

Craig hörte auf, Jody durch die Kabine zu wirbeln. Er trat zu seiner Frau und legte ihr die Hände auf die Schultern. „Schreib ihr, dass wir schon auf dem Weg zu ihnen sind“, erklärte er entschieden. „Ich gehe hoch zu Harry und sag ihm, dass er den Kurs ändern soll.“

Kapitel 2

18. August, spät am Abend. Immer noch auf den Bahamas!

Wir haben unsere Pläne geändert. Jetzt bleiben wir doch noch auf den Bahamas, um bei der Geburt von drei Delfinjungen dabei zu sein! Das haben noch nicht einmal Mom und Dad miterlebt. Nach Sonnenuntergang haben wir Eleuthera erreicht. Das ist die Insel, auf der sich das „Delfinland“ befindet. Leider gehen wir erst morgen hin, weil wir so spät angekommen sind. Jetzt kann ich natürlich vor lauter Aufregung nicht einschlafen!

Brittany ist auch noch wach und geht mir mal wieder auf die Nerven. Der Hafen gehört zu einem großen Ferienort und draußen hört man Musik und Stimmengewirr. Jetzt will sie sich unbedingt von Bord schleichen und auf der Party mitfeiern. Sie meinte, ich wäre ein Angsthase, weil ich nicht mitkommen will. Aber wenn wir erwischt werden, bekommen wir WIRKLICH Schwierigkeiten und das ist es mir nicht wert. Mom wäre bestimmt sauer auf mich und würde mir Hausarrest (oder besser gesagt „Bootsarrest“) geben. Und dann könnte ich nicht mit zum „Delfinland“! Am besten gähne ich jetzt extra laut – obwohl ich natürlich kein bisschen müde bin – und tu so, als würde ich einschlafen, damit Brittany mich endlich in Ruhe lässt ...

Am nächsten Morgen brachen die McGraths, Brittany, Maddie und Dr. Taylor nach einem schnellen Frühstück zum „Delfinland“ auf. Ein Bus fuhr alle fünfzehn Minuten vom Jachthafen zum Forschungsinstitut. Alle waren schrecklich aufgeregt. Sogar Brittany konnte es kaum erwarten, die Geburt eines Delfin-Babys zu erleben.

Als der Bus an der Haltestelle hielt, fiel Jodys Blick auf ein großes, buntes Plakat, das an einem der Seitenfenster befestigt war. Darauf stand: „Besuchen Sie das ‚Delfinland‘. Sie werden es nicht bereuen!“

Dr. Jefferson Taylor runzelte missbilligend die Stirn. „Ich dachte, wir fahren zu einem Forschungsinstitut. Dem Plakat nach scheint es mir eher etwas für Touristen zu sein."

„Das eine schließt das andere ja nicht aus", entgegnete Craig. „Irgendwie müssen sie sich schließlich finanzieren. Außerdem bekommen die Touristen dort nicht einfach nur eine Delfin-Show geboten, sondern fundierte Informationen von Experten. Das Institut leistet hervorragende Forschungsarbeit. Ich finde, das klingt sehr vernünftig."

Dr. Taylor schnaubte verächtlich durch die Nase. „Abwarten, das schaue ich mir erst mal an", brummte er und stieg keuchend in den Bus.

Jodys Eltern wechselten einen viel sagenden Blick. „Vielleicht hätten wir ihn doch noch in Ruhe seine zweite Tasse Kaffee trinken lassen sollen", murmelte Craig. Er trat zurück, um Maddie und die Zwillinge einsteigen zu lassen.

Kurz darauf hielt der Busfahrer auf einem Parkplatz. „Delfinland!", rief er und drehte sich zu seinen Fahrgästen um. „Ich fürchte aber, Sie werden ziemlich lange warten müssen. Das ‚Delfinland' macht erst um zehn Uhr auf."

„Danke für den Hinweis, aber wir sind mit Alicia Levy verabredet", antwortete Craig.

„Ach so, warum haben Sie das nicht gleich gesagt?“ Der Fahrer lächelte. „Bleiben Sie sitzen. Ich fahre Sie zum Eingang für die Angestellten.“

Jody blickte neugierig aus dem Fenster, doch das Anwesen lag hinter einem hohen Holzzaun verborgen. Einen Moment später hielt der Bus erneut an. Sie bedankten sich beim Busfahrer für seine Freundlichkeit und stiegen aus.

Eine junge Frau mit kurzen Haaren und einem goldenen Nasenring begrüßte sie am Hintereingang. „Hi. Ich bin Tamika“, sagte sie lächelnd. „Ich bin Alicias Assistentin. Und Sie sind bestimmt Dr. McGrath“, fuhr sie fort. Sie streckte Dr. Taylor die Hand entgegen.

Dr. Taylor zuckte zusammen und setzte eine gekränkte Miene auf. „Nicht ganz. Ich bin Dr. Jefferson Taylor“, erklärte er pikiert.

„Wir sind die McGraths“, erklärte Gina und deutete auf sich und ihren Mann.

Craig schüttelte Tamikas Hand. „Dr. Taylor ist ein Kollege von uns“, erklärte er. „Gina hat ihn bestimmt in ihrer E-Mail an Alicia erwähnt …“

Gina biss sich auf die Unterlippe und schüttelte unmerklich den Kopf.

Tamika sah Jodys Vater verwirrt an und nickte aber schließlich. „Ja, bestimmt“, sagte sie. „Tut mir Leid … also … kommen Sie doch mit.“

Dr. Taylor folgte der Assistentin mit steifen Beinen über einen baumgesäumten Weg. Jody blickte ihm kopfschüttelnd hinterher. Der sonderbare Wissenschaftler schien tatsächlich beleidigt zu sein. Das kommt davon, wenn man sich vordrängt, dachte Jody bei sich.

Tamika führte sie zu einem lang gezogenen, flachen, weißen Gebäude. „Hier sind die Büros“, erklärte sie. „Und da hinten ist unser Labor. Wenn Sie wollen, können Sie auch hier drin arbeiten.“ Sie öffnete eine Tür und deutete auf einen lichtdurchfluteten Raum mit Panoramafenster.

Jody war sprachlos. Vor dem Fenster glitzerte türkisblaues Wasser in der Sonne. Ihr Blick glitt bewundernd über die Holzstege, als plötzlich ein Delfin aus dem Wasser schnellte. Einen Moment lang schien er in der Luft zu verharren, dann tauchte er wieder unter. Jody wartete gespannt. Ob er noch mal auftauchen würde?

„Jody!“ Die Stimme ihrer Mutter riss sie aus ihren Gedanken. Sie drehte sich um.

Eine große, braun gebrannte Frau streckte ihr die Hand entgegen und lächelte sie an. Sie hatte ihr graublondes Haar zu einem Pferdeschwanz zusammengebunden und trug ein blaues T-Shirt und Shorts. „Hallo, Jody. Ich bin Alicia Levy. Nicht übel die Aussicht, was?“

Jody nickte und errötete.

„Dan, mein Mann, sagt immer, ohne diese Aussicht

würden wir hier drin garantiert doppelt so viel Arbeit erledigen können. Da aber unser eigentlicher Arbeitsplatz da draußen liegt, bin ich froh, ihn immer im Blick zu haben. Sollte es eines Tages Computer geben, die hundertprozentig wasserdicht sind, bringen mich keine zehn Pferde mehr in einen geschlossenen Raum!“

Craig lachte. „Das kommt mir bekannt vor … Wo ist denn Dan?“, fragte er.

„Der schläft noch. In letzter Zeit sehen wir uns kaum noch“, fügte sie bedauernd hinzu. „Wir halten bei den trächtigen Weibchen abwechselnd Wache. Unsere Mitarbeiter versuchen zwar, uns so gut wie möglich zu unterstützen, aber im Moment gibt es hier schrecklich viel zu tun. Wir könnten wirklich ein bisschen Hilfe brauchen …“

„Ich helfe Ihnen gern!“, rief Jody eifrig. „Sie müssen mir nur sagen, was ich tun soll!“

Alicia blickte erstaunt von Jody zu ihrer Mutter.

Gina nickte. „Das gilt für uns alle. Es wäre uns wirklich eine große Freude, Ihnen zu helfen.“

„Das ist ja wirklich sehr nett von Ihnen“, erwiderte Alicia. „Ich dachte, Sie wollten nur ein oder zwei Tage bleiben. Bis zur Geburt können aber noch gut zwei bis drei Wochen vergehen. Sie haben doch in Ihrer ersten E-Mail geschrieben, dass Sie nicht mehr lange auf den Bahamas bleiben wollen.“

Dr. Taylor räusperte sich. „In der Tat. Ich war jedoch von Anfang an der Meinung, dass es viel wichtiger ist, andere Forschungsinstitute zu besuchen, als tagelang auf See zu verbringen, um vielleicht auf andere Delfinarten zu stoßen!“

„Beides ist sehr wichtig“, erklärte Gina mit leicht geröteten Wangen. „Außerdem wusste ich noch nichts von den Delfinweibchen, als ich Ihnen die erste Mail geschrieben habe. Die Chance, bei der Geburt eines Delfins dabei zu sein, wollen wir uns natürlich auf keinen Fall entgehen lassen. Wenn Sie nichts dagegen haben, würden wir gerne hier bleiben, bis es so weit ist.“

„Was heißt hier ‚wenn Sie nichts dagegen haben‘!“, meinte Alicia lächelnd. „Etwas Besseres kann uns doch gar nicht passieren. Wir sind froh über jede Hilfe. Und wenn es dann noch Experten sind wie Sie … Dan wird ganz aus dem Häuschen sein, wenn er das erfährt!“

„Dad, uns ist langweilig“, erklärte Sean laut. „Dürfen wir ein bisschen rausgehen und uns umsehen?“

Gina runzelte die Stirn und warf ihrem Sohn einen warnenden Blick zu.

Alicia lachte. „Das kann ich gut verstehen“, sagte sie. „Irgendwo müssen wir unsere Unterlagen und die Computer unterbringen, aber natürlich gibt es hier im ‚Delfinland‘ viel interessantere Orte als ausgerechnet dieses Büro! Kommen Sie, ich würde Ihnen gerne alles zeigen.“

„Wie lange sind Sie denn schon hier?“, fragte Craig, während sie Alicia folgten.

„Seit fünf Jahren“, antwortete sie und trat ins Freie. Sie blieben einen Moment stehen und bewunderten die Aussicht.

„Hier ist es wirklich wunderschön“, bemerkte Maddie leise.

„Das finde ich auch“, sagte Alicia. „Die Lagune ist ideal. Ich fand die Vorstellung, Delfine in Becken zu halten, schon immer schrecklich. Hier können die Tiere in ihrer natürlichen Umgebung leben und haben ausreichend Platz. Fast so, als wären sie frei lebend.“

Dr. Taylor räusperte sich erneut. „Darf ich fragen, wie Sie die Tiere dann beobachten? Wenn sich die Delfine nicht in einem überschaubaren Raum aufhalten, kann man unmöglich seriös arbeiten!“

Alicia sah Dr. Taylor erstaunt an. „Aber doch nicht die ganze Zeit“, widersprach sie. „Die Delfine müssen artgerecht gehalten werden. Oder sehen Sie das anders?“ Sie drehte sich zu den anderen um und fuhr fort, ohne seine Antwort abzuwarten. „In gewisser Weise geht es den Delfinen hier sogar besser als in Freiheit. Hier bekommen sie besseres Futter und es ist nicht so gefährlich. Draußen im Meer lauern auf frei lebende Delfine zahlreiche Gefahren: Fischernetze, Umweltverschmutzung und was den Menschen noch so alles einfällt. Bei uns sind die Tiere sicher, und langfristig kann unsere Arbeit vielleicht auch dazu beitragen, das Leben der wild lebenden Tiere zu schützen und zu verbessern."

Sie wandte sich wieder an Dr. Taylor. „Trotzdem müssen wir die Tiere nicht in kleinen Becken halten. Unsere Delfine sind so trainiert, dass sie zu uns kommen und still halten, wenn wir sie untersuchen wollen. Sie kommen auf Zuruf in ein kleines Bassin, in dem wir sie in aller Ruhe untersuchen und Proben entnehmen können."

„Meinen Sie auch Blutproben?", meldete sich Brittany unvermittelt zu Wort.

Alicia nickte.

„Und Sie wollen mir allen Ernstes erzählen, dass die Tiere dafür freiwillig still halten?", fragte Dr. Taylor ungläubig.

„So ist es", sagte Alicia. „Sie vertrauen uns. Hinterher bekommen sie dann eine kleine Belohnung. Und natürlich übertreiben wir es auch nicht mit den Untersuchungen. Im Moment arbeiten wir gerade an einem Projekt über Speichelproben. Die sind viel einfacher durchzuführen als Blutproben und außerdem schmerzlos. Vielleicht sind die Bluttests dann in Zukunft überflüssig."

„Das klingt ja hochinteressant", sagte Craig. „Und woran arbeiten Sie noch?"

„Also …“, begann Alicia. Ihr Blick streifte Sean und Jimmy und sie hielt inne. Die Zwillinge verdrehten die Augen und Brittany machte ein Gesicht, als bereute sie ihre Frage von vorher. Auch Jody wurde langsam ungeduldig. Natürlich interessierte sie alles, was mit dem „Delfinland“ zu tun hatte, aber sie wollte so gerne endlich die Delfine sehen!

Alicia lächelte. „Wissen Sie was? Das erzähle ich Ihnen später in aller Ruhe. Jetzt gehen wir erst mal zu unseren Stars!“

„Ich würde mich aber lieber mit Ihnen über Ihre Arbeit unterhalten“, sagte Dr. Taylor.

Zu Jodys Erleichterung beachtete Alicia Levy die Bemerkung des Wissenschaftlers nicht und ging einfach weiter. Vom Ufer der Lagune traten sie auf einen der Holzstege, der aufs Wasser hinausführte.

Alicia griff nach der Pfeife, die an einer Schnur um ihren Hals hing, und blies dreimal kurz hinein.

„Wie viele Delfine haben Sie denn?“, fragte Maddie.

„Zehn“, antwortete Alicia. Sie schirmte ihre Augen mit der Hand gegen das helle Sonnenlicht ab und blickte über die glatte Wasseroberfläche. „Acht Große Tümmler und zwei Atlantische Fleckendelfine. Die drei trächtigen Weibchen sind alle Tümmler. Ah, da kommt ja einer!“

Jody hielt gebannt nach dem Tier Ausschau. Plötzlich

entdeckte sie nicht nur eine, sondern gleich zwei gebogene Rückenflossen. Sie glitten so eng nebeneinander durchs Wasser, dass sie sich beinahe berührten.

„Das sind Bella und Lola", erklärte Alicia. Sie ging in die Hocke. Die beiden Delfine streckten die Schnauzen aus dem Wasser und die Tierärztin strich dem größeren von beiden zärtlich über den Kopf. „Ja, hallo, mein Schatz." Der kleinere Delfin stupste ihre Hand an, sperrte den Mund auf und schnatterte laut. Das klang fast so, als würde er sich bei Alicia beschweren, dachte Jody belustigt.

Alicia lachte. „Keine Angst, Lola. Ich habe dich nicht übersehen!"

„Sind die beiden miteinander verwandt?", fragte Gina und betrachtete die anmutigen Tiere versonnen.

Alicia nickte. „Bella ist Lolas Mutter. Lola ist jetzt knapp fünf Jahre alt."

Brittany runzelte die Stirn. „Ist Lola etwa auch trächtig?", fragte sie.

Alicia schüttelte den Kopf. „Nein, nein. Sonst müssten wir uns ganz schön Sorgen machen. Sie ist zwar schon geschlechtsreif, aber doch noch etwas zu jung, um schon Mutter zu werden!"

„Und wie alt ist Bella?", wollte Jody wissen und kauerte sich neben Alicia.

„Sechsundzwanzig. Sie hat ihr erstes Baby mit dreizehn bekommen, ihr zweites fünf Jahre danach und drei Jahre später wurde Lola geboren. Normalerweise liegen zwischen den Trächtigkeiten immer zwei bis fünf Jahre Pause“, erklärte Alicia.

„Warum das denn?“, fragte Jody neugierig.

„Wahrscheinlich weil die jungen Delfine lange so viel Pflege und Aufmerksamkeit brauchen“, antwortete Alicia. „Sie sind ein bisschen wie Säuglinge und im Gegensatz zu den meisten anderen Tierbabys noch relativ lange nach der Geburt kleine, hilflose Wesen. Da sich die männlichen Delfine nicht an der Aufzucht der Jungen beteiligen, braucht die Mutter all ihre Energie für ihr Junges, bis es mindestens zwei Jahre alt ist.“

„Und was ist, wenn ein Delfin Zwillinge bekommt?“, wunderte sich Jody laut. Aus den Augenwinkeln beobachtete sie, wie ihre Brüder gefährlich nahe am Wasser herumalberten. Ihr Vater ermahnte sie mit scharfer Stimme und trat zu ihnen.

„Erstens kommt das nur sehr selten vor“, antwortete Alicia. „Und zweitens leben sie dann meistens nicht sehr lange.“

„Wie traurig!“, meinte Brittany.

Jody drehte sich erstaunt zu ihr um. Bisher hatte sich die Kapitänstochter selten für Delfine interessiert.

„Tja, die Natur kann manchmal sehr grausam sein“, sagte Maddie leise.

Gina nickte. „In unseren Augen mag das zwar grausam erscheinen, aber für die Mutter – und damit auch für die Spezies – ist es das Beste, wenn Zwillinge oder sehr schwache Junge kurz nach der Geburt sterben. Der Versuch, ihre Jungen am Leben zu erhalten, würde die Mutter so viel Kraft kosten, dass sie am Ende womöglich selbst sterben würde."

„Wir wissen noch sehr wenig über die Geburt von Delfinen, die in Freiheit leben", fügte Alicia hinzu. „Aber wahrscheinlich wird ein Großteil der jungen Delfine nur wenige Monate alt. Hier im ‚Delfinland' können wir ihnen einen sicheren Anfang ermöglichen und ihre Überlebenschancen steigern. Aber natürlich sind auch unsere Möglichkeiten begrenzt. Garantieren können auch wir nichts." Sie biss sich auf die Unterlippe und legte die Stirn in Falten.

„Machen Sie sich Sorgen um Bella?", fragte Gina.

„Nein, nein!" Alicia warf dem trächtigen Delfinweibchen einen zärtlichen Blick zu. „Bella ist eine gute und erfahrene Mutter. Sie bekommt jede Menge Futter und wir passen gut auf sie auf. Ich wüsste wirklich nicht, warum wir uns Sorgen um sie machen müssten."

Alicia richtete sich wieder auf und ließ den Blick übers Wasser gleiten. Sie blies noch einmal in ihre Pfeife. Jody folgte ihrem Blick und entdeckte mehrere Delfine, die zielstrebig auf sie zuschwammen.

„Da sind sie ja“, sagte die Tierärztin. „Das sind die beiden, die uns ein bisschen Kopfzerbrechen bereiten. Missy weil sie noch so jung und klein und es ihr erstes Baby ist. Und Evie. Sie ist schon zweiunddreißig – also nicht mehr die Jüngste – und war schon mehrmals trächtig. Leider sind bis jetzt alle ihre Jungen tot zur Welt gekommen.“

Jody starrte Alicia entsetzt an.

„Natürlich werden wir alles tun, was in unserer Macht steht, um Evie und Missy zu unterstützen“, fuhr Alicia leise fort. „Aber letztlich können wir nur hoffen, dass alles gut geht.“

Kapitel 3

Jody blickte neugierig ins Wasser. Vor ihr streckten ein riesiger und ein kleiner Delfin ihre Schnauzen aus dem Wasser. Der größere von beiden war bestimmt fast vier Meter lang. Es war der größte Große Tümmler, den Jody je gesehen hatte. Daneben sah der zierliche Delfin wie ein Baby aus.

„Sind das auch Mutter und Tochter?“, wollte Brittany wissen.

Alicia schüttelte den Kopf. Sie deutete auf den großen Delfin. „Das ist Evie, das Delfinweibchen mit den vielen Fehlgeburten. Aber dieses Mal geht bestimmt alles gut, nicht wahr, mein Mädchen?“

Sie streckte ihren Arm aus. Der Große Tümmler drückte sich aus dem Wasser und berührte mit dem

Kopf Alicias Hand. Dann tauchte er wieder sanft ins Wasser ein.

Jody zeigte auf das kleinere Delfinweibchen. „Dann ist das hier bestimmt Missy“, sagte sie.

Als der junge Delfin seinen Namen hörte, schoss er blitzschnell durchs Wasser und vollführte einen anmutigen Luftsprung. Danach kehrte er pfeifend und schnatternd zum Steg zurück.

Als das Delfinweibchen Jody sein fröhliches Gesicht entgegenreckte, musste sie unwillkürlich lächeln. „Die ist ja lustig“, rief sie begeistert.

„Stimmt, sie ist irgendwie süß“, nickte Brittany. Auf ihrem Gesicht lag ein erstaunter Ausdruck. Sie stellte sich neben Jody, um Missy besser sehen zu können. „Sie hat so schöne große Augen!“

„Ja, und das weiß sie auch ganz genau!“, meinte Alicia lachend. „Ihrem Charme kann einfach keiner widerstehen. Die Besucher lieben sie. In der Show ist sie immer der Star.“

Das muntere Delfinweibchen zischte wieder davon und schnellte übermütig aus dem Wasser, als könnte es Alicias Worte verstehen. Schließlich kehrte es mit ausgelassenen Klicklauten und Pfiffen zu Evie zurück.

Gina beobachtete das muntere Weibchen belustigt. „Sind Sie sicher, dass sie wirklich trächtig ist?“

„Ganz sicher“, nickte Alicia lächelnd.

„Aber wie können Sie das so genau wissen?“, fragte Jody erstaunt. Das Delfinweibchen war doch noch so klein und zierlich!

„Wunder der Technik“, meldete sich plötzlich eine tiefe männliche Stimme.

Jody drehte sich überrascht um. Ein stämmiger Mann in einem grauen T-Shirt und kurzen Hosen trat zu ihnen. Er war barfuß, unrasiert und seine dunklen braunen Haare standen in alle Himmelsrichtungen ab.

„Ich dachte, du bist im Bett“, meinte Alicia erstaunt.

„Was sollen denn unsere Gäste von mir denken“, brummte der Mann. „Willst du mich nicht erst mal vorstellen?“ Er wandte sich an Craig. „Haben Sie nicht auch das Gefühl, dass sich meine Frau für mich schämt?“

Auf seinem Gesicht lag ein schelmischer Ausdruck und seine braunen Augen funkelten belustigt.

Alicia schüttelte lächelnd den Kopf. „Darf ich vorstellen? Mein Mann Dan Levy. Der berühmte Tierarzt für Meeressäuger. Auch wenn er im Moment eher wie ein Landstreicher aussieht!“ Sie küsste ihn auf die Wange und stellte ihm die Gäste vor.

Dan schüttelte allen die Hand. Als er Jody begrüßte, meinte er: „Um auf deine Frage zurückzukommen. Wir wissen so genau, dass Missy, Evie und Bella trächtig sind, weil wir Ultraschall-Aufnahmen von ihnen gemacht haben. Ohne diese Technik könnte man das nur schwer erkennen, denn trächtige Delfine bekommen im Gegensatz zu den meisten Säugetieren – die Menschen eingeschlossen – keine dicken Bäuche."

„Auf dem Ultraschallbild haben wir damals auch gesehen, dass ich Zwillinge bekomme", sagte Gina mit Blick auf ihre Söhne. „Schon verrückt, dass man diese zwei Winzlinge mit Hilfe von Schallwellen in meinem Bauch sehen konnte!"

„Von wegen Winzlinge!", rief Jimmy laut. Sean hatte einen hochroten Kopf bekommen und schüttelte sich.

Dan schmunzelte. „Interessanterweise können wir ausgerechnet mit Ultraschall mehr über Delfine erfahren – genau damit orientieren sie sich ja auch selbst", meinte er.

Alicia nickte. „Bis vor kurzem konnte man praktisch überhaupt nicht erkennen, ob ein Delfin trächtig war oder nicht. Sicher sein konnte man erst, wenn das Junge geboren wurde", fuhr sie fort. „Aber auf diesem Gebiet hat sich in den letzten Jahren sehr viel getan …"

„Und das nicht zuletzt auch dank der Forschungsarbeit im ‚Delfinland'", verkündete Dan stolz.

„Inzwischen können wir sogar relativ genau vorhersagen, wann es so weit sein wird – natürlich nicht auf den Tag genau", fügte Alicia hinzu.

„Das kann man bei Menschen ja auch nicht", warf Gina ein.

„Und wie lange dauert bei Delfinen so eine Trächtigkeit?“, erkundigte sich Jody interessiert.

„Bei den Großen Tümmlern fast ein ganzes Jahr“, antwortete Alicia. Ihr Blick folgte den vier Delfinen, die sich wieder langsam vom Steg entfernten. Wahrscheinlich war es ihnen zu langweilig geworden. Sie hielt einen Moment lang nachdenklich inne. Dann wandte sie sich an ihren Mann. „Dan, ich glaube, wir sollten die vier ins Delfinbecken bringen.“

Dan zog erstaunt die Augenbrauen hoch. „Jetzt schon? Bei Evie dauert es doch bestimmt noch bis Mitte September und bei Missy sind es auch noch zwei oder drei Wochen …“

Alicia schüttelte den Kopf. „Aber ich mache mir Sorgen um Missy“, unterbrach sie ihn mit besorgter Miene. „Sie ist doch selbst noch ein Baby und sie hat bestimmt Untergewicht.“

„Wir können sie ja schlecht dazu zwingen, mehr zu fressen“, meinte ihr Mann leise.

„Das nicht, aber in einem kleineren Becken ist sie vielleicht nicht mehr ganz so aufgedreht und verbraucht weniger Energie“, wandte Alicia ein.

Dan nickte nachdenklich. „Vielleicht hast du Recht. Allerdings sollte Evie genau aus diesem Grund möglichst spät in das Becken. Im Gegensatz zu Missy soll sie fitter und nicht fetter werden.“

„Und warum bringen Sie dann nicht einfach Missy in den Pool und lassen Evie noch hier draußen, bis es so weit ist?“, fragte Gina.

Jody fand den Vorschlag ihrer Mutter eigentlich ganz vernünftig. Doch Alicia und Dan schüttelten energisch den Kopf.

„Das geht nicht. Wir können die drei auf keinen Fall trennen“, meinte Alicia.

„Bella, Missy und Evie haben schon vor ihrer Trächtigkeit viel Zeit zusammen verbracht“, erklärte Dan geduldig. „Und jetzt ist ihr Verhältnis sogar noch enger geworden. Sie sind wie eine Familie. Sie passen aufeinander auf. Wenn wir sie voneinander trennen würden, wären sie sehr einsam und unglücklich und das wäre nicht gut für sie und ihre Babys. Deshalb haben wir beschlossen, sie alle zusammen in unser Delfinbecken zu bringen. Und Lola muss auch mit, weil sie noch so an ihrer Mutter hängt.“

Jody fiel plötzlich auf, dass die beiden Tierärzte immer nur von Missy und Evie sprachen. Dabei war Bella doch auch trächtig. Doch um sie schien sich keiner Sorgen zu machen, weil sie so fit und gesund war. „Und wann kommt Bellas Baby?“, fragte sie.

„Genau das ist der Punkt“, sagte Alicia und warf ihrem Mann einen viel sagenden Blick zu.

Dan nickte. „Du hast ja Recht“, sagte er. „Wenn wir

uns nicht täuschen, bekommt Bella ihr Baby als Erste. Wahrscheinlich schon in den nächsten Tagen."

„Und deshalb ist es höchste Zeit, dass wir die Delfine zusammen ins Delfinbecken bringen", sagte Alicia. „Und zwar alle vier zur gleichen Zeit."

Sie kratzte sich am Kinn. „Am besten halten wir Evie mit einem strengen Trainingsprogramm fit, damit sie nicht allzu träge wird. Sie muss mindestens zweimal pro Tag ein paar Übungen machen."

„Und gleichzeitig muss jemand darauf achten, dass Missy ruhiger wird und mehr frisst", fügte Alicia hinzu. Sie bedachte die Besucher mit einem Lächeln. „Was für ein Glück, dass wir ab heute so viele Helfer haben. Ich hoffe, es macht Ihnen nichts aus, wenn wir Ihr Angebot uns zu helfen wörtlich nehmen."

„Überhaupt nicht!", rief Jody begeistert.

„Sagen Sie uns einfach, was wir für Sie tun können", sagte Gina lächelnd und legte liebevoll den Arm um ihre Tochter.

„Vielleicht könnte ich Ihnen auch ein wenig helfen", erklärte Brittany etwas verlegen.

Jody sah Brittany überrascht an. Bisher hatte sie sehr selten ihre Hilfe angeboten. Die Kapitänstochter blickte die Tierärzte unsicher an.

Alicia und Dan nickten ihr aufmunternd zu und auf Brittanys Gesicht breitete sich ein seltenes Lächeln aus.

„Sie müssen mir allerdings erklären, was ich machen soll", fügte sie hinzu. „Ich kenne mich mit Tieren nämlich nicht so gut aus."

Alicia nickte. „Kein Problem."

„Ich wäre Ihnen natürlich auch sehr gerne behilflich", meldete sich Dr. Taylor zu Wort. „Allerdings würde ich jetzt lieber aus dieser unerträglichen Hitze verschwinden." Sein rundes Gesicht war dunkelrot und er wischte sich mit einem Taschentuch unaufhörlich den Schweiß von der Stirn. „Könnten wir vielleicht wieder nach drinnen gehen?"

„Selbstverständlich", meinte Alicia. „Ich schlage vor, wir gehen erst mal ins Büro. Das ist voll klimatisiert und dort können wir dann in aller Ruhe den heutigen Tag planen."

Sie folgten Alicia und Dan über den Steg. Jody drehte sich zu Brittany um und zwinkerte ihr zu. „Immerhin weißt du inzwischen, dass Delfine Säugetiere und keine Fische sind", sagte sie grinsend.

Brittany wurde rot.

„Dann habe ich dir ja was voraus!", schnaubte sie wütend. „Immerhin behandle ich Delfine nicht wie Menschen!"

Jody zuckte erschrocken zusammen. „Hey, ich hab doch nur Spaß gemacht", sagte sie leise. „Ich wollte dich wirklich nicht ..."

Doch Brittany stolzierte mit versteinerter Miene an ihr vorbei, ohne sie eines weiteren Blickes zu würdigen.

Jody seufzte. Wie konnte man nur so empfindlich sein!

Vor dem Bürogebäude trafen sie auf einen kleinen, muskulösen Mann mit blonden Haaren.

Alicia stellte ihn als Chip Shannon vor. „Chip ist unser Tiertrainer“, erklärte sie.

„Ich würde mich ja gern mit Ihnen unterhalten“, sagte er und nickte ihnen höflich zu. „Aber in fünf Minuten beginnt die Show.“

„Die Show?“, wiederholte Sean. „Was denn für eine Show?“

Chip grinste. „Die beste Show, die ihr euch vorstellen könnt“, sagte er. „Eine Delfin-Show! Bessere Akrobaten als Delfine kann man sich kaum vorstellen. Allerdings zeigen wir den Zuschauern nicht einfach nur ein paar nette Kunststückchen. Wir versuchen ihnen zu erklären, wie sich Delfine verhalten und wie ein guter Trainer …“, dabei deutete er mit dem Daumen auf sich, „mit ihnen arbeitet. Ich zeige, wie ich den Tieren mit meinem Wissen über ihr natürliches Verhalten neue Spiele beibringe. Und wenn ihr Glück habt“, er senkte seine Stimme und beugte sich zu den Zwillingen hinunter, „dann könnt ihr mir sogar dabei helfen."

Die Jungen starrten Chip mit großen Augen an.

„Also, was ist? Habt ihr Lust?", fragte der Trainer und richtete sich wieder auf.

„Und ob!", rief Jimmy begeistert und strahlte übers ganze Gesicht.

„Dürfen wir, Mom? Bitte!", bettelte Sean.

Gina runzelte die Stirn. „Ihr könnt auf keinen Fall allein mitgehen. Vielleicht später, wenn Dad oder ich …"

„Ich kann ja mitgehen", schlug Maddie vor.

„Das ist sehr nett von dir, Maddie", antwortete Gina. „Aber das musst du wirklich nicht."

„Aber das mache ich doch gerne", erwiderte Maddie. „Ich finde, das klingt ziemlich interessant, und ich würde mir die Show gerne mal ansehen."

Chip lächelte. „Umso besser! Ich wollte schon immer eine so schöne Assistentin haben, die mir bei der Show hilft", sagte er. „Die Stelle ist noch frei!"

Maddie lachte. „Danke für das Kompliment, aber ich bin mit meinem derzeitigen Job ganz zufrieden."

Gina drehte sich zu Jody und Brittany um. „Und was ist mit euch? Wollt ihr zwei euch die Show nicht auch ansehen?"

Jody schüttelte den Kopf. „Später vielleicht. Jetzt möchte ich lieber dabei sein, wenn Alicia und Dan uns erklären, wie wir ihnen bei der Betreuung von Bella, Missy und Evie helfen können."

„Ich auch", murmelte Brittany. Sie war ausnahmsweise einmal Jodys Meinung und das schien ihr gar nicht recht zu sein.

Chip blickte Dan und Alicia überrascht an.

„Hab ich vielleicht was verpasst?", fragte er mit hochgezogenen Augenbrauen. „Geht es bei unseren Mädels etwa schon los?"

Dan schüttelte den Kopf. „Nein, nein", wehrte er ab. „Aber bei Bella kann es schon in den nächsten Tagen so weit sein. Deshalb haben wir beschlossen, heute alle vier Delfine in das kleine Becken zu bringen."

Chip atmete erleichtert auf. „Gute Idee. Dort kann man sie viel besser beobachten. Zu dumm, dass ich euch nicht helfen kann. Wisst ihr was? Ich schicke euch einfach Diego rüber."

„Und wer assistiert dir dann bei der Show?", fragte Alicia.

Chip grinste. „Vielleicht habe ich ja Glück und es meldet sich ein Freiwilliger oder eine Freiwillige aus dem Publikum", meinte er mit einem Seitenblick auf Maddie.

„Ich!", riefen Sean und Jimmy im Chor, hoben die Arme wie in der Schule und hüpften aufgeregt von einem Bein auf das andere.

Maddie lachte. „Na also“, meinte sie schmunzelnd. „Da haben Sie ja Ihre Assistenten gleich im Doppelpack!“

Das Delfinbecken lag am Ende der Lagune. Ein Unterwasserzaun trennte es von der restlichen Bucht. Das Wasser direkt am Steg war nicht besonders tief. Jody schätzte es auf höchstens einen Meter.

Dr. Taylor hatte es vorgezogen, im Büro zu bleiben und einen Stapel Unterlagen über die Forschungsprojekte im „Delfinland“ durchzusehen. Die McGraths und Brittany waren Alicia zum Delfinbecken gefolgt, um ihr mit den Delfinen zu helfen.

Kurz darauf trat ein Jugendlicher zu ihnen. Er war ungefähr sechzehn und trug eine Badehose. Es war Diego. Als Alicia ihn vorstellte, nickte er wortlos und schlug verlegen die Augen nieder. Dann sprang er ins Wasser und schwamm zügig davon.

Brittany blickte ihm nachdenklich hinterher. „Geht er jetzt die Delfine holen?“, fragte sie.

Jody unterdrückte ein Grinsen. Glaubte Brittany allen Ernstes, Diego würde die Delfine höflich bitten, ihm zu folgen, oder sie wie eine Schafherde vor sich hertreiben?

„Er öffnet das Tor“, erklärte Alicia. „Wenn ich die Delfine rufe, kommen sie zu mir und dann macht er das Tor wieder zu.“

„Ganz schön umständlich“, meinte Craig überrascht. „Wäre ein elektrisches Tor nicht viel praktischer?“

„Natürlich“, nickte Alicia. „Wissen Sie, als wir erfahren haben, dass wir drei trächtige Delfine haben, mussten wir schnellstmöglich ein separates Becken bauen. Aber für ein elektrisches Tor hätten wir teures Material bestellen und jemanden vom Festland beauftragen müssen. Das war uns zu aufwändig und deshalb haben wir es lieber selber gebaut.“ Sie ging in die Hocke und stieg langsam in das seichte Wasser.

„Ich glaube, heute muss ich unsere Schätzchen nicht einmal mehr rufen“, sagte sie lächelnd. „Wahrscheinlich haben sie Diego beobachtet, als er ihnen das Tor geöffnet hat ... Da kommen sie schon!“

Jody blickte gebannt ins Wasser. Mit angehaltenem Atem verfolgte sie, wie vier stromlinienförmige Silhouetten durchs Wasser glitten. Die vier Delfine umringten Alicia und steckten ihre Köpfe aus dem Wasser. Aus ihren Atemlöchern drang ein leises Zischen. Die Tierärztin begrüßte jedes Tier mit seinem Namen. „Ihr bleibt jetzt erst einmal hier drin, einverstanden? Hier können wir nämlich viel besser auf euch aufpassen und die bösen Jungs können euch nichts tun.“

Jody runzelte die Stirn. „Was denn für böse Jungs?“, fragte sie.

Alicia lächelte entschuldigend. „Ach, das war nicht so gemeint“, sagte sie.

„Wahrscheinlich soll das Becken die Kälber unter anderem vor den Delfinmännchen schützen“, mutmaßte Gina.

Alicia nickte. „Ja, sicher ist sicher.“

Brittany hielt entsetzt den Atem an. „Aber wieso denn? Die Männchen würden doch den Jungen nichts tun, oder?“ Sie blickte unsicher von Gina zu Alicia.

Jody war genauso entsetzt. Der erste Delfin, mit dem sie sich angefreundet hatte, war ein Tümmler-Männchen gewesen. Sie hatte ihn Apollo genannt. Unvorstellbar, dass dieses freundliche, sanfte Wesen einem anderen Delfin etwas zuleide tun würde – und schon gar nicht einem hilflosen Delfinjungen. Sie blickte fragend von Alicia zu ihrer Mutter.

Alicia zuckte mit den Schultern. „Das wissen wir leider nicht so genau“, gestand sie. „Ich hab neulich einen Artikel gelesen, in dem stand, dass so was vorkommen könnte, und deshalb gehen wir lieber mal auf Nummer sicher. Allerdings habe ich persönlich noch nie so etwas erlebt.“

„Ich auch nicht“, erklärte Gina entschieden.

Jody atmete erleichtert auf. „Aber wie kommt denn

bloß jemand auf die Idee, dass Delfine so etwas Schreckliches tun könnten?“

„Ich weiß, Delfine sind in deinen Augen die freundlichsten und nettesten Lebewesen, die du dir vorstellen kannst“, sagte Gina. „Und meistens verhalten sie sich den Menschen gegenüber auch so. Aber Delfine sind ganz normale Lebewesen. Das heißt, sie kämpfen auch miteinander und verletzen sich gegenseitig. Und manchmal töten sie sogar einen ihrer Artgenossen.“

Jody nickte nachdenklich. „Genau wie Menschen auch“, sagte sie leise.

„In gewisser Weise ja“, nickte ihre Mutter.

„Wir wissen, dass sich männliche Delfine nicht an der Aufzucht der Jungen beteiligen“, fuhr Alicia fort. „Und deshalb sind sie auch bei der Geburt nicht dabei. In der freien Natur schließen sich Delfinmütter mit ihren Jungen mit anderen erwachsenen Weibchen zusammen. Sie schützen sich gegenseitig vor Haien und anderen Raubtieren. Außerdem sorgen sie auch dafür, dass sich die männlichen Delfine von den Müttern fern halten, solange die Jungen noch so klein und hilflos sind. Das scheint in ihrem Instinkt verankert zu sein. Selbst wenn unsere Männchen keine Bedrohung darstellen, werden sich die Mütter wohler fühlen, wenn sie von ihnen getrennt sind.“

In diesem Moment kletterte Diego wieder auf den

Steg. „Ich hab das Tor wieder zugemacht“, erklärte er etwas außer Atem. „Was soll ich jetzt machen?“

„Danke, Diego“, sagte Alicia mit einem Lächeln. Sie schob einen der Delfine sanft von sich, der sich an ihrer Hüfte rieb. „Wenn du willst, kannst du ein paar Übungen mit Evie machen, damit sie etwas Bewegung bekommt. Aber nichts zu Anstrengendes. Hohe Sprünge und Bauchlandungen sollte sie im Moment lieber vermeiden. Die Delfine sind zwar gut gepolstert, aber schließlich hat die Gute schon mehrere Fehlgeburten hinter sich. Nicht dass ihre Wehen vorzeitig einsetzen!“

„Okay, mach ich“, antwortete Diego mit ernster Miene. „Wie wär's mit einem Ballspiel?“, schlug er vor.

Alicia lächelte. „Gute Idee!“ Sie drehte sich zu Jody und Brittany um, die das Gespräch interessiert mitverfolgt hatten. „Habt ihr Lust mitzumachen?“ Sie deutete neben sich aufs Wasser.

„Natürlich!“, rief Jody begeistert.

Brittany zögerte. „Aber ich habe doch gar keinen Badeanzug dabei“, sagte sie.

„Ich auch nicht“, erklärte Jody. „Dann gehen wir eben einfach mit unseren Kleidern ins Wasser.“ Am liebsten wäre sie sofort zu den Delfinen ins Wasser gesprungen. Sie suchte den Blick ihrer Mutter, um sicherzugehen, dass sie einverstanden war.

Gina nickte lächelnd. „Klar doch, nur rein mit euch.“

Brittany sah Gina mit großen Augen an.

„Bei der Hitze seid ihr bald wieder trocken“, erklärte Gina lächelnd.

Doch Brittany sah immer noch nicht überzeugt aus.

Jody schlüpfte aus ihren Schuhen und glitt ins Wasser. Sie blickte zu Brittany hoch, die immer noch unschlüssig auf dem Steg stand. „Komm schon, Brittany“, rief sie. „Das wird ein Riesenspaß!“

Brittany dachte einen Moment lang nach. Schließlich bückte sie sich und öffnete die Verschlüsse ihrer Sandalen. Sie holte tief Luft. „Na gut“, erklärte sie. „Ich komme.“

Kapitel 4

21. August, morgens

Gerade habe ich eine E-Mail von Lindsay bekommen. Zu Hause hat heute die Schule wieder angefangen. Irgendwie ist das schon ein komisches Gefühl. Bei der Vorstellung, wie sich Lindsay, Devon und Maria in der Mittagspause über die neuen Lehrer unterhalten, bekomme ich ganz schön Heimweh. Natürlich werde ich mich hüten, Mom was davon zu erzählen, sonst kommt sie womöglich noch auf die Idee, dass unsere Ferien jetzt auch vorbei sind. Bis jetzt hat sie nämlich noch nichts darüber gesagt, wann unser „Privatunterricht" losgeht – hoffentlich erst, wenn die drei Delfin-

Babys geboren sind! Ich bin schon so gespannt auf die Geburten. Immer wenn wir gerade nicht im „Delfinland“ sind, habe ich wahnsinnige Angst, was zu verpassen.

Die Kabinentür flog auf.

„Wo bleibst du denn?“ Brittany streckte den Kopf durch die Tür. „Alle warten schon auf dich!“

Jody sprang hastig auf und stopfte das Tagebuch und den Stift mitsamt ihrem Badeanzug in ihren Rucksack. „Ich komm ja schon“, rief sie und schlüpfte eilig in ihre Schuhe. Obwohl sie sich fest vorgenommen hatte, regelmäßig in ihr Tagebuch zu schreiben, war sie in den letzten Tagen kaum dazu gekommen. Über das „Delfinland“ hatte sie fast noch nichts geschrieben.

„Nicht einmal die Haare hast du gekämmt“, meinte Brittany und betrachtete sie kritisch. „Hier.“ Sie warf ihr eine Haarbürste zu. Jody fuhr sich flüchtig durch die Haare, während Brittany mit ungeduldiger Miene auf sie wartete. „Was hast du denn die ganze Zeit gemacht?“, fragte sie vorwurfsvoll.

Ehe Jody etwas antworten konnte, fuhr sie fort: „Ist ja auch egal. Jetzt komm endlich!“

Sie liefen im Laufschritt zur Bushaltestelle und sahen gerade noch die Rücklichter des dunkelblauen Busses. Die Zwillinge stöhnten.

„Wir haben Chip versprochen, ihm vor der ersten Vorführung zu helfen“, maulte Jimmy. „Jetzt kommen wir zu spät!“

„Keine Panik, wir haben noch genug Zeit“, meinte Gina beschwichtigend. „Der nächste Bus kommt ja schon in einer Viertelstunde.“

„Na toll“, murmelte Brittany und warf Jody einen vernichtenden Blick zu. „Ich hasse es, zu warten.“

Jody hatte ein schlechtes Gewissen. Jetzt kamen sie nur ihretwegen zu spät. In diesem Moment kam ihr ein rettender Gedanke. „Wir müssen nicht warten, wenn wir nicht wollen“, erklärte sie fröhlich. Sie öffnete ihren Rucksack und zog die Karte hervor, die Alicia für sie skizziert hatte. „Es gibt nämlich eine Abkürzung über den Strand. Alicia hat gemeint, es wären ungefähr zehn Minuten zu Fuß.“

Die anderen nickten begeistert. Craig warf einen kurzen Blick auf die Skizze und zeigte in die Richtung, die sie einschlagen mussten. „Mir nach!“, rief er.

Jefferson Taylor saß auf der Bank der Bushaltestelle und schüttelte den Kopf. „Ich warte lieber auf den Bus“, erklärte er. „Ich glaube, ich habe heute Morgen zu viel gefrühstückt. Mei Lin kocht einfach zu gut! Ich ruhe mich lieber noch ein bisschen aus.“

„Kein Problem“, sagte Gina. „Dann bis später.“

Craig grinste. „Sie müssen nur aufpassen, dass Sie

nicht einschlafen und alle Busse verpassen!“, fügte er augenzwinkernd hinzu.

„Aber nein. Ganz gewiss nicht“, antwortete Dr. Taylor mit todernster Miene.

Jody tauschte einen belustigten Blick mit ihrer Mutter. Dr. Taylor verstand nicht den kleinsten Scherz!

Die Abkürzung führte sie durch ein kleines Palmenwäldchen. Vom Meer wehte eine sanfte Brise herüber und die grünen Blätter raschelten leise. Schließlich wanderten sie über den weißen Sandstrand direkt am Meer entlang. Jody blickte über das blaue Wasser, das in der Sonne glitzerte, und sog genüsslich die warme Salzluft ein. Mit dem Bus war man zwar schneller, aber solange das Wetter so schön war, würde sie ab heute lieber zu Fuß gehen.

Sean und Jimmy unterhielten sich angeregt darüber, wie sie Chip helfen würden und was die Delfine alles konnten. Sie konnten es kaum erwarten anzukommen.

„Wenn wir nach Hause kommen und wieder in einem richtigen Haus und nicht auf einem Boot wohnen, will ich einen Hund haben“, verkündete Jimmy. „Dem bringe ich dann alles bei, was ich von Chip gelernt hab. Das wird dann der klügste Hund der Welt!“

„Wenn ich groß bin, werde ich vielleicht Löwendompteur“, beschloss Sean. „Oder Pferdetrainer. Für Rodeoreiter. Das wird bestimmt toll.“

Brittany warf den Zwillingen einen verächtlichen Blick zu. „Nur weil ihr jetzt ein bisschen was gelernt habt, wie man Delfinen etwas beibringt, heißt das noch lange nicht, dass ihr auch mit anderen Tieren umgehen könnt", meinte sie.

„Doch", widersprach Sean. „Das hat Chip selbst gesagt. Er zeigt uns, auf was es ankommt, wenn man Tiere trainieren will. Natürlich ist es viel schwerer, Tieren was beizubringen, die nicht so schlau ... oder ... was hat er noch mal für ein Wort gesagt, wie sind Delfine?"

„Sozial", half ihm Jimmy weiter. „Hunde sind so ähnlich wie Delfine. Man kann ihnen was beibringen, weil sie schlau sind und weil sie Menschen mögen. Bei Löwen ist das nicht so leicht, weil sie Menschen nicht so gerne mögen."

„Genau", nickte Sean. „Und bei Haien geht's überhaupt nicht!"

„Die mögen zwar Menschen, aber nur zum Fressen", meinte Jimmy.

Jody brach in schallendes Gelächter aus. Sean und Jimmy blickten sie gekränkt an.

„Was gibt's denn da zu lachen?", fragte Jimmy beleidigt.

„Wenn du dir mal die Show ansehen würdest, würdest du nicht mehr über uns lachen", brummte Sean.

„War nicht so gemeint. Ich hab mir nur gerade vorgestellt, wie jemand versucht, einem Hai was beizubringen", sagte Jody und versuchte ein ernstes Gesicht zu machen.

„Chips Delfin-Show ist wirklich klasse", sagte Maddie. „Er ist zwar sehr von sich überzeugt, aber ich muss zugeben, dass er wirklich was draufhat. Es ist eine der besten Tiershows, die ich jemals gesehen habe. Man sieht sofort, dass es den Delfinen Spaß macht und dass sie Chip mögen. Er scheint wirklich ihre Sprache zu sprechen. Und er weiß ganz genau, wie er die Zuschauer fesseln kann."

„Und man kann eine Menge von ihm lernen", fügte Sean hinzu.

Maddie nickte. „Stimmt. Viele Delfinzentren behaupten zwar, dass sie den Besuchern etwas über die Tierwelt beibringen, aber hier ist das wirklich so."

Jody hörte interessiert zu. Sie wusste zwar schon eine Menge über Delfine, freute sich aber über jede Gelegenheit etwas dazuzulernen. „Vielleicht sehe ich mir ja heute mal eine der Vorführungen an", sagte sie zu ihren Brüdern.

„Gute Idee", meinte Gina. „Das könnten wir eigentlich alle machen."

Sie trafen Alicia und ihre Assistentin Tamika im Büro. Die Tierärztin begrüßte sie lächelnd.

„Wir haben gerade einen Wach-Plan ausgearbeitet“, erklärte Alicia. „Ich schlage vor, wir teilen den Tag in Zweistunden-Schichten ein und wechseln uns ab. So sind die Delfine nie allein und die Schichten sind trotzdem nicht zu lang. Alle freiwilligen Helfer können sich aussuchen, wann sie am liebsten aufpassen wollen. Dan und ich übernehmen dann den Rest.“

„Ich könnte mir vorstellen, dass die Schicht von zwei bis vier Uhr morgens noch frei ist“, witzelte Craig.

„Chip, Tamika und einige andere Mitarbeiter haben schon angeboten, auch ein paar der Nachtschichten zu übernehmen, damit wir mal schlafen können“, erklärte Alicia.

„Wir können auch mal nachts aufpassen, das ist kein Problem“, bot Gina an.

„Au ja“, rief Jody begeistert.

„Euch Kinder meinte ich damit eigentlich nicht“, sagte Gina und warf ihr einen strengen Blick zu. „Ihr braucht euren Schlaf!“ Sie wandte sich wieder an Alicia. „Und was genau sollen wir dann tun?“

„Sie müssen einfach nur die Delfinweibchen im Auge behalten“, erklärte Alicia. „Und aufpassen, ob sie sich irgendwie ungewöhnlich verhalten.“

„Und was heißt das genau?“, wollte Jody wissen.

Alicia zuckte die Schultern. „Das kann ich euch ehrlich gesagt auch nicht so genau sagen. Appetitlosigkeit zum Beispiel … Am besten man vertraut einfach seinem Instinkt. Wenn man das Gefühl hat, dass etwas nicht stimmt, wenn zum Beispiel eines der Delfinweibchen sehr unruhig ist oder irgendwie gestresst scheint, dann solltet ihr uns auf jeden Fall rufen."

„Das Gleiche gilt übrigens auch für uns, falls wir nicht da sind", meinte Gina. „Sie müssen uns versprechen, uns beim geringsten Anzeichen, dass es losgeht, sofort Bescheid zu sagen! Andernfalls bringen wir morgen alle unsere Schlafsäcke mit und kampieren direkt neben dem Pool, bis die Jungen geboren sind!"

Alicia lachte. „Keine Sorge, wir vergessen Sie schon nicht! Am besten geben Sie mir Ihre Handynummer und ich speichere sie gleich ein … Dann muss ich nicht erst nach der Nummer suchen, wenn es losgeht. Ein Knopfdruck und Sie wissen Bescheid."

Sie griff nach dem schnurlosen Telefon auf ihrem Schreibtisch.

„Alle Mitarbeiter haben so ein Telefon bei sich, wenn sie hier auf dem Gelände sind. Wenn man auf die ‚1' drückt, klingeln alle Geräte – und Sie können einfach der ersten Person, die drangeht, sagen, was los ist." Sie hielt inne und sah sich mit gerunzelter Stirn um. „Irgendjemand fehlt doch?"

„Dr. Taylor", bestätigte Craig. „Er muss jeden Moment hier sein."

„Ach ja." Alicia nickte. „Also, sobald Dr. Taylor hier ist ..."

„Hier bin ich schon", ertönte eine vertraute Stimme und Dr. Taylor trat etwas außer Atem ins Zimmer. Auf seinem runden Gesicht lag ein zufriedenes Lächeln. „Das ist wirklich sehr aufmerksam von Ihnen, dass Sie extra auf mich gewartet haben, ehe Sie mit Ihren Ausführungen beginnen", sagte er. „Bitte! Lassen Sie sich nicht länger aufhalten!"

„Na schön", meinte Alicia und zuckte mit den Schultern. Dann wiederholte sie noch einmal schnell alles, was sie soeben erklärt hatte.

„Natürlich ist es am besten, wenn man die Delfine direkt am Becken beobachtet. Falls es aber regnet oder zu heiß ist, kann man von hier aus auch sehr viel sehen", schloss sie und deutete auf einen Monitor.

„Sehr vernünftig", nickte Dr. Taylor. „Also ..." Er warf einen Blick auf den Plan. „Wie ich sehe, hat sich bis jetzt noch niemand eingetragen. Wenn Sie nichts dagegen haben, mache ich den Anfang."

„Nur zu", erklärte Alicia lächelnd.

Dr. Taylor beugte sich über den Schreibtisch und trug schwungvoll seinen Namen in die Liste ein. Er gab Alicia das Papier zurück.

Die Tierärztin blickte überrascht auf. „Wollen Sie wirklich so früh herkommen?“

Dr. Taylor zog verdutzt die Augenbrauen hoch.

Jody war sich ziemlich sicher, dass er sich in der Uhrzeit geirrt hatte. Doch das wollte er jetzt nicht zugeben.

„Ähm, ja … natürlich … warum nicht? Wissen Sie, dann ist es noch nicht so heiß. Morgen Punkt sechs Uhr bin ich da!“, erklärte er überschwänglich.

„Dann übernehme ich die nächste Schicht“, meldete sich Gina und griff nach der Liste. Sie trug ihren Namen ein und reichte das Papier an die anderen weiter. Jody entschied sich für die Zeit von vier bis sechs Uhr nachmittags.

„So. Dann können wir ja jetzt mal nachsehen, was unsere Schützlinge so machen“, sagte Alicia schließlich. Gespannt folgten sie ihr nach draußen zum Delfinbecken.

Dan kauerte neben einem Delfin im Wasser. Jody erkannte das große Tier sofort wieder. Es war Evie. Sie lag ruhig auf der Seite, während Dan mit einem Stethoskop ihr Herz abhörte. Als der Tierarzt mit der Untersuchung fertig war, richtete er sich auf. „Braves Mädchen“, sagte er und strich Evie über die Flanke. „Okay, fertig!“ Er klatschte kurz in die Hände.

Evie drehte sich wieder auf den Bauch und flitzte davon.

Lächelnd beobachtete Jody, wie sie sich zu den anderen drei Delfinen gesellte, die im tieferen Wasser auf sie warteten.

„Na, wie geht es ihnen?“, erkundigte sich Alicia.

„Sie machen alle einen guten Eindruck“, antwortete Dan fröhlich. Er watete zu ihnen ans Ufer zurück. „Evies Puls ist sehr gut“, fuhr er fort und nahm sein Stethoskop ab. „Und Missy ist schon viel ruhiger geworden. Vermutlich fühlen sie sich hier im Pool einfach sicherer.“

„Das glaube ich auch“, nickte Alicia. „Das erste Baby, das geboren wird, hat wirklich Glück, dass so viele Tanten bei der Betreuung helfen!“

„Wieso. Sind die Delfine etwa alle Schwestern?“, fragte Jody überrascht.

Alicia schüttelte den Kopf. „Nein, das meine ich nur im übertragenen Sinn. Delfinweibchen schließen sich zu Gruppen zusammen und helfen sich gegenseitig. Bei einer Geburt übernimmt eines der Weibchen die Rolle der Hebamme und die meisten Delfinmütter haben eine oder zwei Freundinnen, die ihr bei der Versorgung des Babys helfen, wenn es geboren ist. Manchmal sind es sogar wirklich Verwandte. Aber wir bezeichnen die Delfine wegen ihrer Rolle als ‚Tanten‘. Man könnte sie auch ‚Kindermädchen‘ oder ‚Babysitter‘ nennen“, fügte sie lächelnd hinzu.

„Das heißt, obwohl Missy zum ersten Mal Mutter wird, wird wahrscheinlich alles gut gehen, weil Bella und Evie in ihrer Nähe sind", erklärte Dan zuversichtlich. „Evie hat zwar bis jetzt auch noch nie ein Junges großgezogen, aber sie war dabei, als Lola geboren wurde und hat Bella bei der Geburt geholfen. Die beiden sind für Missy bestimmt eine große Hilfe."

Sie blickten zu den Delfinen hinüber, die dicht aneinander gedrängt am anderen Ende des Beckens im Wasser lagen.

„Im Grunde genommen können wir Tierärzte nicht viel machen", fuhr Dan leise fort. „Bei der Geburt brauchen die Delfine vor allem einander … und ein bisschen Glück."

Am Nachmittag ging Jody mit ihren Eltern und Brittany zur Delfin-Show. Da Maddie die Vorführung schon kannte, blieb sie bei Alicia, um auf die Delfine aufzupassen. Dr. Taylor kam auch nicht mit. Er interessiere sich nicht für „Touristenkram" und sehe lieber noch die Forschungsunterlagen durch, hatte er hochmütig verkündet. Jody hatte jedoch das Gefühl, dass ihn vor allem die Klimaanlage interessierte.

Auf dem Steg wartete bereits eine Gruppe von zwanzig Personen, als sie ankamen. Jodys Brüder Sean und Jimmy waren auch schon da. Sie trugen genau wie Chip Shannon leuchtend blaue T-Shirts mit der Aufschrift „Delfinland“. Ihre Brüder standen ungewöhnlich still neben dem Tiertrainer und ließen ihn nicht aus den Augen. Sie schienen nur darauf zu warten, endlich loszulegen.

Chip wühlte in einer Plastikkiste. Dann richtete er sich auf und trat ans Ende des Holzstegs. Einen Moment lang stand er regungslos da. Sein Blick glitt über die Zuschauer. Die Touristen verstummten und sahen ihn erwartungsvoll an, obwohl er immer noch kein Wort gesagt hatte.

„Herzlich willkommen im ‚Delfinland‘“, sagte er laut und deutlich. „Sie werden heute drei Delfine kennen lernen, die hier leben. Die Tiere werden Ihnen ein paar Spiele zeigen und ich werde Ihnen etwas über die Tiere erzählen. Danach hat jeder von Ihnen die Gelegenheit, einen der Delfine persönlich kennen zu lernen.“

„Dürfen wir zu den Delfinen ins Wasser?“, wollte ein großer, dünner Junge wissen.

Chip schüttelte den Kopf. „Das geht leider nicht. Weißt du …“

„Aber Papa hat uns versprochen, dass wir mit den Delfinen schwimmen können!“, fiel ihm ein kleiner Junge ins Wort. „Ich will auf einem reiten!“

„Auf unseren Delfinen darf man keinesfalls reiten", erklärte Chip mit fester Stimme.

„Aber in anderen Delfin-Zentren geht das auch!", protestierte der Junge.

Chip nickte. „Es kommt zwar manchmal vor, dass ein Delfin jemanden auf sich reiten lässt, aber dann hat er sich freiwillig dafür entschieden und wurde nicht dazu gezwungen. Uns ist es wichtig, dass es den Delfinen gut geht. Und ich kann euch auch erklären, warum wir das Reiten nicht erlauben. Seht ihr die Rückenflosse hier?" Er deutete auf einen der Delfine, der ihn vom Becken aus beobachtete und genauso interessiert zuzuhören schien wie die Zuschauer.

„Das ist die so genannte Finne", fuhr Chip fort. „Da sind keine Knochen drin. Wenn man die Finne zu sehr festhält, kann das sehr unangenehm für die Tiere werden."

„Och bitte, nur ganz kurz", bettelte der Junge. „Wir sind auch ganz vorsichtig ..."

Jimmy hatte die ganze Zeit schweigend neben Chip gestanden. Er machte einen Schritt nach vorn. „Hast du nicht gehört, was er gesagt hat? Auf den Delfinen wird nicht geritten! Und jetzt halt die Klappe und schau dir die Show an!"

Die anderen Zuschauer klatschten begeistert.

„Halt doch selber die Klappe! Ich will eure blöde

Show nicht sehen. Wir sind bloß hergekommen, weil Papa gesagt hat, dass wir hier auf einem Delfin reiten können", gab der jüngere Junge zurück.

„Kein Problem", antwortete Chip ruhig. „Wenn ihr etwas anderes erwartet habt, bekommt ihr eben euer Eintrittsgeld zurück. Ihr braucht nur eure Karten am Eingang zurückzugeben und zu sagen, dass ..."

„Genau. Wir wollen unser Geld zurück!", fiel ihm der größere Junge ins Wort. „Und dann erzählen wir jedem, dass er erst gar nicht hierher zu kommen braucht!" Er packte seinen jüngeren Bruder am Arm. „Los, komm, Josh. Wir verschwinden."

Endlich sind sie weg!, dachte Jody erleichtert. Einige Zuschauer atmeten hörbar auf.

Chip sah sich lächelnd um. „Möchte noch jemand wieder gehen, weil ihn die Bedürfnisse der Delfine nicht interessieren?"

Die Zuschauer schüttelten energisch die Köpfe.

Der Tiertrainer lächelte zufrieden. „Na also", sagte er. „Dann können wir jetzt ja endlich anfangen."

Kapitel 5

22. August, frühmorgens
Draußen ist es noch dunkel. Ich bin aufgewacht, weil Dr. Taylor auf dem Gang herumgestolpert ist und jetzt kann ich nicht mehr einschlafen. Alles ist noch ganz still. Man hört nur das Knarren der Seile und das leise Klatschen der Wellen gegen den Schiffsrumpf. Die anderen schlafen alle noch. Wenigstens kann ich jetzt endlich mal in Ruhe in mein Tagebuch schreiben.
Brittany spielt immer noch die Coole, aber ich merke ganz genau, dass sie gerne bei den Delfinen ist. Je mehr sie über sie lernt, desto größer wird ihr Interesse. Zu mir ist sie auch

schon viel netter. Wer weiß, vielleicht werden wir eines Tages doch noch Freundinnen ... Trotzdem muss ich mich manchmal ganz schön beherrschen, um sie nicht aufzuziehen. Sie ist so empfindlich! Außerdem hat sie ungefähr genauso viel Humor wie Dr. Taylor. Also gar keinen!

Jody hörte auf zu schreiben und sah auf die Uhr. Sie seufzte. Es war immer noch schrecklich früh. Dabei war sie schon seit einer Ewigkeit wach. Sie hatte sich ganz leise angezogen, um Brittany nicht zu wecken.

Allmählich bekam sie Hunger. Sie beschloss, sich aus der Kabine zu schleichen und sich in der Kombüse was zu essen zu besorgen.

Als Jody den Salon betrat, stellte sie überrascht fest, dass ihre Mutter schon auf war. Gina hatte Tränen in den Augen.

„Was hast du denn?“, fragte Jody erschrocken und setzte sich neben ihre Mutter.

„Nichts, mein Schatz.“ Ihre Mutter blinzelte und versuchte zu lächeln. „Ich habe nur gerade mit deiner Tante Maria gesprochen und da bin ich ein bisschen sentimental geworden. Das ist alles.“

Erst jetzt bemerkte Jody das Funktelefon auf dem Schoß ihrer Mutter. „Wie geht es ihr?“

Gina biss sich auf die Unterlippe. „Deine Tante Maria ist schwanger.“

Jody strahlte übers ganze Gesicht. „Echt? Das ist ja toll! Dann bekomme ich ja bald einen kleinen Cousin oder eine kleine Cousine!“ Sie runzelte die Stirn. Aber warum machte ihre Mutter so ein ernstes Gesicht? „Stimmt irgendwas nicht?“, fragte sie und setzte sich neben sie. „Freust du dich denn nicht? Sag doch endlich, was los ist!“

„Natürlich freue ich mich für Maria“, sagte Gina leise. Sie holte tief Luft. „Aber weißt du“, fuhr sie fort, „Maria war schon zweimal schwanger und … beide Male sind die Babys vor der Geburt gestorben. Sie hatte schon zwei Fehlgeburten.“

„Das wusste ich ja gar nicht“, sagte Jody bestürzt. Sie hatte schreckliches Mitleid mit ihrer Tante. Trotzdem war sie gekränkt, dass ihr bis jetzt nie jemand was davon gesagt hatte.

Ihre Mutter drückte ihre Hand. „Damals warst du noch sehr klein. Und Tante Maria war weit weg in New York. Sie wollte auch nicht so gern darüber sprechen, dass sie zwei Babys verloren hat.“

Gina seufzte und schüttelte den Kopf. „Jedenfalls hat sie deshalb so lange nichts von sich hören lassen“, fuhr sie fort. „Sie wollte mich nicht unnötig beunruhigen. Ihr Arzt meint, wenn sich das Baby die nächsten Wochen gut entwickelt, müsste dieses Mal alles gut gehen." Ihre Mutter lächelte zaghaft.

Dann straffte sie die Schultern und sah Jody fragend an. „Warum bist du überhaupt schon so früh auf?"

„Ich konnte nicht mehr schlafen", erklärte Jody. „Ich muss immerzu an Bella, Missy und Evie denken. Vielleicht ist es ja heute endlich so weit!"

„Das kann ich gut verstehen. Die Warterei macht einen ganz nervös", nickte Gina und lächelte ihr aufmunternd zu. „Bei Bella kann es jetzt jeden Tag losgehen. Es wäre wirklich schrecklich, wenn wir die Geburt verpassen würden ... Weißt du, so eine Geburt dauert manchmal nur ein paar Minuten. Wenn sie uns anrufen, müssen wir uns wirklich beeilen."

„Da können wir nicht lange auf den Bus warten", erklärte Jody grinsend.

„Falls überhaupt einer fährt", meinte Gina. „Die meisten Geburten passieren mitten in der Nacht oder frühmorgens."

Jody hielt den Atem an. Sie sprang ungeduldig auf. „Und was ist, wenn es jetzt gerade losgeht?", rief sie aufgeregt.

„Alicia hat doch versprochen, uns sofort anzurufen", rief ihr Gina ins Gedächtnis.

„Ich wäre wirklich wahnsinnig enttäuscht, wenn ich das verpassen würde!", erklärte Jody nachdrücklich.

„Ich auch“, sagte Gina und lächelte. „Weißt du was? Hol dir was zum Frühstück und lauf schon mal rüber. Ich zieh mich an und komme so schnell wie möglich nach.“

„Danke!“ Jody drückte ihrer Mutter einen Kuss auf die Wange. Dann flitzte sie in die Kombüse, um sich ein Sandwich für unterwegs zu machen.

Als Jody an diesem frühen Morgen im „Delfinland“ ankam, war noch alles ganz ruhig. Sie ging direkt ins Büro. Leise öffnete sie die Tür. Dr. Taylor saß zurückgelehnt in einem Schreibtischsessel vor dem Monitor. Seine Augen waren geschlossen und auf seinem Gesicht lag ein nachdenklicher Ausdruck. Jody runzelte die Stirn. Sie wollte ihn zwar auf keinen Fall beim Nachdenken stören … aber eigentlich sollte er doch den Monitor im Auge behalten! Sie trat vorsichtig ins Zimmer und hörte plötzlich ein Schnarchen. Dr. Taylor schlief tief und fest!

Jody schüttelte den Kopf. Was nützte es, wenn er eine Schicht übernahm und dann einschlief? Wenn jetzt eines der Weibchen Wehen bekam, würde er es nicht einmal merken! Sie warf einen Blick auf den Monitor und stellte erleichtert fest, dass zwei Personen direkt neben dem Becken standen. Zum Glück waren noch andere Mitarbeiter in der Nähe. Da machte es nichts, dass Dr. Taylor eingenickt war.

Nachdenklich musterte sie die beiden Gestalten auf dem Bildschirm. Sie sahen gar nicht aus wie Mitarbeiter des Delfinzentrums. Es waren zwei Jungen, ein großer dünner und ein etwas kleinerer.

Jody runzelte die Stirn. Waren das vielleicht auch freiwillige Helfer? Irgendwie kamen die beiden ihr bekannt vor ...

Plötzlich fiel ihr wieder ein, wo sie die beiden schon einmal gesehen hatte. Es waren die schrecklichen Jungs, die unbedingt auf den Delfinen reiten wollten. In diesem Moment sah Jody, wie die beiden mit einem Hechtsprung ins Becken sprangen und auf die Delfine zuschwammen. Jody war entsetzt. Hatten die denn gar keinen Respekt vor den Tieren?

„Dr. Taylor, schnell, wachen Sie auf!“, rief sie verzweifelt. „Wir müssen was tun!“

„Was?“ Dr. Jefferson Taylor fuhr aus dem Sessel hoch und blinzelte verschlafen.

„Wo ist das Telefon?“, fragte Jody.

Der Wissenschaftler sah sie verwirrt an.

In diesem Moment entdeckte Jody das schnurlose Telefon auf dem Schreibtisch vor ihm. Für Erklärungen hatte sie jetzt keine Zeit. Sie griff hastig nach dem Telefon, drückte auf die „1“ und wartete ungeduldig darauf, dass sich jemand meldete.

Sie ließ den Monitor nicht aus den Augen. Der größere Junge saß mittlerweile auf dem Rücken eines Delfins, während der andere versuchte, es ihm gleichzutun. „Das gibt's doch nicht!“, rief sie entsetzt.

Jody drückte Dr. Taylor das Telefon in die Hand. „Sagen Sie allen, sie sollen sofort zum Delfinbecken kommen!“, rief sie verzweifelt. Dann rannte sie aus dem Zimmer, ohne eine Antwort abzuwarten.

„Hey!“, brüllte sie, sobald das Becken in Sichtweite war. „Kommt sofort da raus und lasst die Delfine in Ruhe!“ Ihr Herz raste. Jetzt erkannte sie, dass der ältere Junge auf Evie saß. Der andere hatte Missy gegen die Seitenwand des Pools gedrängt. „Hört sofort auf!“, rief sie verzweifelt. „Ihr tut ihnen doch weh!“

„Achte einfach nicht auf sie“, wandte sich der ältere Junge an den jüngeren.

In diesem Moment hatte Evie genug. Mit einer ruckartigen Bewegung warf sie ihren Reiter ab. Der Junge landete mit einem überraschten Aufschrei im Wasser. Sein Bruder beobachtete die Szene mit aufgerissenen Augen und Missy nützte die Gelegenheit, um zu entwischen.

Sekunden später waren die beiden Delfine ans andere Ende des Pools geschwommen und bildeten zusammen mit Bella und Lola eine Front. Jody atmete erleichtert auf.

„Was ist hier los?“

Als Jody Dans vertraute Stimme hörte, drehte sie sich rasch um. Dan und Alicia rannten zum Pool. Beim Anblick der herannahenden Tierärzte schwammen die beiden Jungs hektisch an den Beckenrand. Sie kletterten hastig aus dem Wasser und rannten davon, ohne sich noch einmal umzusehen.

„Wer war das?“, fragte Alicia, als sie neben Jody stand. Hastig erklärte Jody, was passiert war. „Ich glaube, die Polizei brauchen wir nicht zu verständigen“, sagte Alicia und wechselte einen Blick mit ihrem Mann. „Es waren ja nur Kinder … Aber ich werde das Hotel informieren – vielleicht können sie ja die Eltern ausfindig machen. Jody, kannst du mir beschreiben, wie die Jungs ausgesehen haben?“

Jody nickte. „Chip kann sich bestimmt auch noch an sie erinnern.“

„Darum kümmern wir uns später“, erklärte Dan mit düsterer Miene. „Zuerst schauen wir mal nach, wie es den Delfinen geht. Bei Evie und Missy besteht immer noch das Risiko einer Fehlgeburt. Womöglich haben diese Idioten die Tiere so erschreckt, dass sie vorzeitig Wehen bekommen …“

Jodys Magen krampfte sich angstvoll zusammen.

Alicia drückte sie kurz an sich. „Wie gut, dass du so schnell reagiert hast. Vielen Dank!", sagte sie dankbar lächelnd. „Wahrscheinlich ist nichts Schlimmes passiert. Die Jungs waren ja dank dir nur ganz kurz im Wasser. Ich glaube nicht, dass sie unsere Mädchen ernsthaft erschreckt haben. Immerhin sind sie ja an Menschen gewöhnt. Selbst an ungezogene Kinder."

Jody fühlte sich schon wieder besser. Alicia klang so zuversichtlich.

„Trotzdem kann es nicht schaden, sie gründlich zu untersuchen", sagte Dan. Er drehte sich zu Tamika um, die gerade zu ihnen kam. In der Eile hatte sie ihr T-Shirt verkehrt herum angezogen. Wahrscheinlich war sie gerade erst aufgestanden. Trotzdem sah sie hellwach aus.

„Dr. Taylor hat mir erzählt, was passiert ist", sagte sie atemlos. „Sind die Delfine in Ordnung?"

„Genau das wollten wir gerade herausfinden", antwortete Alicia.

„Kannst du mir bitte schnell das Ultraschallgerät holen, Tamika?", fragte Dan.

Die Assistentin nickte und eilte davon. Der Tierarzt trat mit seiner schwarzen Arzttasche an den Beckenrand.

Angespannt verfolgte Jody, wie Alicia und Dan ins Wasser glitten und die Delfine riefen.

Bella reagierte sofort auf Alicias Pfiff und schwamm

zu ihr. Doch Missy und Evie verharrten am anderen Ende des Beckens. Und Lola blieb auch bei ihnen.

Das ist aber komisch, dachte Jody. Sonst hielt sich Lola fast immer in der Nähe ihrer Mutter auf. Wenn Alicia und Dan Bella untersuchen wollten, mussten sie Lola immer wegschicken.

Bella lag ruhig im Wasser und ließ sich von Dan untersuchen. „Sieht aus, als wäre alles in Ordnung", meinte er schließlich. „Puls und Atmung sind normal. Von Aufregung keine Spur."

In diesem Moment begann Evie hastig im Becken umherzuschwimmen. Sie schwamm sehr schnell und zog einen Kreis nach dem anderen.

„Was ist denn mit Evie los?", wunderte sich Alicia.

Mit gerunzelter Stirn beobachtete Jody, wie das Delfinweibchen durchs Wasser flitzte. Dabei stieß es eine schnelle Serie von Klicklauten aus. „Einer von den Jungs ist vorhin auf Evies Rücken geklettert und wollte auf ihr reiten", sagte sie. „Vielleicht hat er ihr dabei auch Fußtritte gegeben – das konnte ich leider nicht erkennen. Sie war die Einzige, die sie erwischt haben. Meinen Sie, er hat sie verletzt?" Bei der Vorstellung wurde ihr ganz übel.

Tamika kam zu ihnen zurück und begann das Ultraschallgerät am Beckenrand aufzubauen. „Wollt ihr Bella zuerst untersuchen?", fragte sie.

Dan schüttelte den Kopf. Er tauschte einen Blick mit Alicia. „Nein, ich glaube, mit Bella ist alles in Ordnung", erklärte er. „Sie ist topfit und Jody hat ja auch gesagt, dass die Kinder sie in Ruhe gelassen haben."

„Aber Evie müssen wir unbedingt untersuchen", sagte Alicia. „So aufgeregt hab ich sie noch nie gesehen!"

Alicia gab Bella das Kommando, dass sie jetzt wieder wegschwimmen konnte. Sofort gesellte sie sich zu Missy und Lola am anderen Beckenende.

„Haben wir was verpasst?" Als Jody die Stimme ihres Vaters hörte, drehte sie sich überrascht um. Erleichtert sah sie, dass ihre Eltern mit Maddie und Brittany zu ihnen eilten. Hastig erzählte sie, was geschehen war.

„Soll das etwa heißen, es ist noch gar nicht losgegangen?", fragte Brittany mit schriller Stimme. „Na toll! Jetzt sind wir den ganzen Weg umsonst hierher gehetzt! Wegen nichts!"

„Irgendwas stimmt nicht mit Evie", sagte Alicia leise.

Der sorgenvolle Unterton in ihrer Stimme ließ alle aufhorchen.

„Sie reagiert einfach nicht auf mein Rufen", fuhr sie fort. „Das macht sie sonst nie!"

Alle blickten zu dem großen Delfin hinüber, der hektisch den Pool durchpflügte und unaufhörlich Klicklaute ausstieß.

„Vielleicht hat sie ja Wehen und kann deshalb nicht auf den Ruf reagieren“, meinte Craig.

Jody hielt gespannt den Atem an bei dem Gedanken, dass gleich ein Delfin-Baby geboren werden würde. Doch Dan und Alicia schüttelten beide die Köpfe.

„So verhält sich kein Tier, wenn es ein Junges gebärt“, meinte Dan. „Sie verbraucht mit dieser Herumschwimmerei viel zu viel Energie. Wenn sie spüren würde, dass das Baby kommt, würde sie versuchen, sich zu entspannen. Sie wäre vielleicht etwas unruhig, wenn sie Schmerzen hätte, aber sie würde auf keinen Fall durch die Gegend schwimmen, als wollte sie den ganzen Pool bewachen …“ Er hielt abrupt inne.

„Natürlich!“, rief Alicia. „Draußen im Meer würde Evie versuchen, ihre Freundin vor Gefahren wie hungrigen Haien oder neugierigen Männchen zu schützen … Mein Gott, warum bin ich da nicht gleich draufgekommen! Nicht Evie hat Wehen …“

„Und Bella kann es auch nicht sein“, fügte Dan hinzu.

Sie blickten zum anderen Ende des Beckens hinüber. Missy lag zwischen Bella und Lola ruhig unter der Wasseroberfläche.

„Aber das ist ja zwei Wochen früher, als wir gedacht haben“, sagte Alicia mit besorgter Stimme. „Sie ist doch noch so klein! Hoffentlich geht alles gut …“

„Kann mir mal einer erklären, was jetzt eigentlich los ist?“, fragte Brittany verwirrt.

Jody war schlagartig alles klar. Ihr Herzschlag beschleunigte sich vor Aufregung und Angst. Sie drehte sich zu Brittany um. „Verstehst du denn nicht?“, fragte sie mit belegter Stimme. „Missy bekommt gerade in diesem Moment ihr Baby!“

Kapitel 6

„Können wir ihr nicht irgendwie helfen?", fragte Jodys Mutter besorgt.

„Leider nicht", antwortete Alicia. „Im Moment bleibt uns nichts anderes übrig, als der Natur ihren Lauf zu lassen."

„Am besten verhalten wir uns so leise und ruhig wie möglich", fügte Dan hinzu. „Missy hat jetzt vielleicht ein bisschen Angst und deshalb sollten wir sie auf keinen Fall noch zusätzlich aufregen."

„Meinen Sie, ich kann trotzdem noch ein bisschen näher rangehen?", wandte sich Craig an Dan und Alicia. Er deutete auf die kleine Videokamera in seiner Hand. „Ich würde das Ereignis gerne filmen."

„Gute Idee!", meinte Alicia begeistert. „Daran hab

ich überhaupt nicht gedacht. Vielen Dank, Craig!“ Sie strahlte übers ganze Gesicht.

Jody blickte gebannt ins Wasser. Wie gut, dass Missy nicht allein war. Ihre Freundinnen Bella und Lola waren ganz dicht neben ihr und kümmerten sich um sie. Von Zeit zu Zeit krümmte sich Missys zierlicher Körper und sie quietschte leise. Die drei Delfine reagierten dann immer mit Pfiffen und Klicklauten. Wahrscheinlich trösteten und ermutigten sie ihre Freundin, vermutete Jody.

Schließlich schien sich Evie davon überzeugt zu haben, dass das Becken sicher war. Sie hörte auf im Kreis zu schwimmen und gesellte sich zu den anderen drei Delfinen. In diesem Moment veränderte Bella ihre Position. Sie ließ sich tiefer ins Wasser sinken und schwamm unter Missy. Dann drückte sie den Delfin an die Wasseroberfläche.

„Warum tut sie das?“, wunderte sich Jody laut. „Es sieht aus, als würde Bella Missy hochhalten.“

„Ja, so ähnlich ist es auch. Sie unterstützt sie“, erklärte Gina. „Weißt du, Missy muss an der Wasseroberfläche bleiben, um zu atmen. Und wenn sie mit der Geburt beschäftigt ist, fällt es ihr schwerer, sich oben zu halten.“

„Wir haben wirklich Glück, dass Bella so eine erfahrene Mutter ist“, sagte Alicia leise, ohne den Blick von der Szene abzuwenden. „Sie weiß genau, was für Missy in diesem Moment wichtig ist und wie sie ihr am besten helfen kann. Eigentlich ist es ganz gut, dass Missys Baby vor Bellas auf die Welt kommt. So kann sie ihr ihre ganze Aufmerksamkeit widmen. Es ist Gold wert, eine erfahrene Hebamme zu haben, wenn man zum ersten Mal Mutter wird."

„Bella kann ihr mehr helfen, als wir das könnten", bestätigte Dan.

Die Minuten schleppten sich zäh dahin. Von einem Jungen war noch nichts zu sehen. Soweit Jody es erkennen konnte, hatte sich nichts verändert. Die Spannung wurde von Minute zu Minute größer.

„Wie lange dauert das denn noch?", fragte Brittany ungeduldig.

„Das ist schwer zu sagen", antwortete Alicia. „Wir wissen nur, dass eine Geburt bei Delfinen nicht so lange dauert wie bei Menschen. Die Wehen dauern vielleicht eine Stunde oder etwas länger. Aber ganz genau kann man das nicht sagen. Dazu gibt es einfach zu wenig gesicherte Informationen."

Brittany seufzte. „Hätte ich bloß noch was gefrühstückt."

Jody nickte. „Ich hab auch einen Riesenhunger."

Die Minuten verstrichen. Man hörte nur das regelmäßige, leise Plätschern des Wassers und die Laute der

Delfine. Plötzlich beugte sich Dan mit angespannter Miene vor. „Jetzt passiert was“, sagte er.

Missy erschauerte und krümmte sich erneut.

Alicia hielt die Luft an. „Ich kann die Schwanzflosse sehen“, flüsterte sie.

Jody riss die Augen auf. Dann sah sie es auch. Einen merkwürdigen Moment lang sah es so aus, als hätte Missy zwei Schwanzflossen. Ihre eigene und noch eine kleinere darunter. Die kleine Schwanzflosse wurde immer größer und allmählich konnte man immer mehr von dem Kalb erkennen.

Missy bog und wand sich und drückte den Körper ihres Babys immer weiter heraus. Endlich erschien der Kopf und der kleine Delfin glitt ins Wasser.

Jody war zutiefst gerührt. Ergriffen musterte sie das Delfin-Baby. Es war viel größer, als sie erwartet hatte. Der Delfin war bereits ein Drittel so groß wie seine Mutter. Mutter und Kind waren durch ein silbergraues Band miteinander verbunden. Das musste die Nabelschnur sein. Damit ernährte die Mutter ihr Baby, solange es noch in ihrem Körper war.

„Schnell, Tamika, ich brauche die Operationsschere“, sagte Dan. „Vielleicht muss ich die Nabelschnur durchschneiden. Falls Missy nicht weiß, was sie tun muss.“

„Warte.“ Alicia legte ihrem Mann die Hand auf den Arm. „Wir haben doch Bella!“

In diesem Moment biss der ältere Delfin die Nabelschnur durch und trennte die Mutter von ihrem Baby.

Evie schwamm unter das Junge. Mit Bella an ihrer Seite brachte sie den neugeborenen Delfin an die Wasseroberfläche. Als der Kopf des kleinen Delfins die Wasseroberfläche durchbrach, öffnete sich sein Atemloch und das Junge holte instinktiv Luft. Alle atmeten erleichtert auf. Jody traten die Tränen in die Augen. Sie war überglücklich, dass Missys Baby gesund auf die Welt gekommen war.

„Noch sind wir nicht übern Berg“, sagte Dan leise, als könnte er ihre Gedanken lesen. „Noch wissen wir nicht, ob Missy ihr Baby ernähren kann. Es gibt immer noch ein paar Dinge, die ihr Bella und Evie nicht abnehmen können.“

In diesem Moment begann Missy zu pfeifen. Immer wieder gab sie den gleichen Laut von sich, während die anderen Tiere ganz ruhig blieben.

„Ist das ihr Erkennungspfeifton?“, fragte Jody. Delfine verständigten sich mit sehr vielen verschiedenen Lauten, doch jeder Delfin hatte einen ganz bestimmten Pfeifton, der ganz anders als alle anderen war. Man nannte ihn den „Erkennungspfeifton“, weil man vermutete, dass die Tiere ihn benutzten, um sich gegenseitig zu identifizieren. Es war fast so wie ein Name.

„Mmm“, nickte Alicia. Sie lächelte. „Braves Mädchen, Missy!“ Dann fuhr sie fort: „Sie bringt ihrem Baby bei, wie es sie erkennen kann. In den ersten Tagen nach der Geburt pfeifen Delfinmütter fast die ganze Zeit. Wahrscheinlich damit das Kalb kein anderes Tier mit seiner Mutter verwechselt und aus Versehen davonschwimmt. Außerdem kann das Kalb dann auch gleich lernen, was die verschiedenen Laute bedeuten.“

Jody fragte sich, ob sich Bella und Evie weiter um das Baby kümmern würden, doch das schien jetzt nicht mehr nötig zu sein. Das Kalb schwamm zielstrebig zu Missy zurück, als wäre es mit einer unsichtbaren Leine mit seiner Mutter verbunden.

Missy rieb sich zärtlich an ihrem Baby. Sie stupste es mit den Flossen an ihrer Unterseite. Das Junge schmiegte sich sofort an sie und drückte so lange seine Schnauze an ihren Körper, bis es die versteckte Zitze gefunden hatte. Dann begann es zu saugen.

„Gut gemacht“, sagte Dan leise. Er nahm Alicia in den Arm. Dann blickte er in die Runde. „So, ihr Lieben. Wir sollten Mutter und Baby jetzt ein bisschen allein lassen. Das Kleine ist gesund auf die Welt gekommen und das mit dem Füttern scheint auch zu klappen.“

„Apropos“, meinte Alicia lächelnd. „Ich weiß ja nicht, wie es euch geht, aber ich sterbe vor Hunger!“

In ihrer großen, hellen Küche machten Dan und Alicia Frühstück für alle. Tamika half ihnen dabei.

Jody saß neben Brittany an dem langen Holztisch. Sie hatte einen Bärenhunger. In diesem Moment schlurfte Dr. Taylor mit verlegener Miene ins Zimmer.

„Ich bin wirklich untröstlich, dass ich eingeschlafen bin. Wie soll ich das nur wieder gutmachen", murmelte er und sah Alicia unsicher an.

Die Tierärztin lächelte. „Ach was! Das hätte jedem von uns passieren können", sagte sie. „Am Ende ist ja alles gut gegangen." Sie füllte ein Glas mit Orangensaft und streckte es dem Wissenschaftler hin. „Hier, trinken Sie erst mal was. Kaffee ist auch gleich fertig."

„Vielen Dank", sagte Dr. Taylor. „Trotzdem ist mir dieses Missgeschick ganz unendlich peinlich. Es wird bestimmt nicht wieder vorkommen, das verspreche ich Ihnen."

Dan stand am Herd und machte Rührei. Er wandte sich zu ihm um. „Ganz bestimmt nicht", sagte er beschwichtigend. „Es war wirklich nicht fair, dass Sie so eine frühe Schicht übernehmen mussten, und das auch noch ganz allein. Was halten Sie davon, wenn Sie in Zukunft eine Schicht am späten Vormittag oder frühen Abend übernehmen. Das heißt, vielleicht ist es sowieso vernünftiger, wenn ab jetzt immer zwei Personen eine Schicht zusammen machen. Sie könnten sich zum Beispiel mit Jody zusammentun. Das hat doch dieses Mal schon ganz gut funktioniert!"

Jody unterdrückte mühsam ein Stöhnen. Sie konnte sich wirklich Schöneres vorstellen, als ausgerechnet mit Dr. Taylor auf die Delfine aufzupassen.

„Dafür sind wir eigentlich zu wenig Leute", warf Jodys Vater ein und zwinkerte ihr zu. „Wenn wir zu zweit Wache schieben, dann müssen Sie und Alicia doch wieder die Hauptlast tragen."

Alicia setzte sich lächelnd zu ihnen an den Tisch. „Aber wir bekommen bald noch ein paar freiwillige Hilfskräfte dazu", sagte sie. „Für nächste Woche hat sich ein Wissenschaftler aus Kanada angekündigt und gestern Abend haben uns ein paar Studenten aus Texas eine E-Mail geschickt, dass sie uns unbedingt helfen wollen. Ich habe ihnen geantwortet, dass sie hier herzlich willkommen sind. Jetzt müssen sie nur noch ihre Flüge buchen."

„Außerdem haben uns mehrere Mitarbeiter angeboten, unbezahlte Überstunden zu machen, um auf die Delfin-Babys aufzupassen", fügte Dan hinzu. „Und ich bin mir ziemlich sicher, dass der eine oder andere Inselbewohner auch gerne mithelfen wird, wenn erst mal bekannt wird, dass Missy ihr Baby bekommen hat." Er grinste. „Babys faszinieren fast jeden."

Brittany sah Dan mit großen Augen an. „Aber wozu

brauchen Sie denn so viele Leute? Missy hat doch heute Morgen ihr Baby ganz ohne fremde Hilfe bekommen oder zumindest ohne menschliche Hilfe."

„Das schon", sagte Alicia. „Und wir können nur hoffen, dass bei Bella und Evie auch alles so gut geht. Aber weißt du, die Geburt ist erst der Anfang. So ein Delfin-Baby ist sehr empfindlich. Der erste Lebensmonat ist sehr, sehr wichtig. Wenn es Probleme mit dem Füttern gibt, wenn das Junge zum Beispiel nicht zunimmt oder sich nicht ganz erwartungsgemäß entwickelt, müssen wir vielleicht eingreifen und helfen. Deshalb werden wir Missy und ihr Junges die nächsten vier Wochen rund um die Uhr im Auge behalten und das Gleiche gilt auch für die anderen beiden. Deshalb brauchen wir so viele freiwillige Helfer."

Dr. Taylor runzelte die Stirn. „Ich hoffe, Sie haben jetzt nicht das Gefühl, dass Sie mir nicht mehr vertrauen können", sagte er leise und starrte auf die Tischplatte. „Ein bisschen nach dem Rechten sehen müsste eigentlich allein zu schaffen sein … Ich möchte Ihnen gern beweisen, dass ich sehr wohl dazu imstande bin. Bitte geben Sie mir heute Nachmittag noch eine Chance. Oder …", er blinzelte verlegen in die Runde, „besser am frühen Abend. Am besten vor dem Abendessen. Ich habe die fatale Neigung, nach dem Essen einzunicken. Aber natürlich habe ich auch vollstes Verständnis dafür, wenn Sie mir nach all dem kein Vertrauen mehr entgegenbringen", schloss er.

„Natürlich geben wir Ihnen noch eine Chance", sagte Alicia. Sie streckte die Hand aus und tätschelte Dr. Taylors fleischige weiße Hand. „Wissen Sie, wir sind wirklich sehr froh, dass Sie uns helfen. Das müssten Sie nämlich nicht tun."

Dr. Taylor blickte auf und sah in ihre klaren grauen Augen. Er nickte. „Ich möchte Ihnen aber gerne helfen", erklärte er feierlich.

„Sehr schön", sagte Alicia. „Ab jetzt bekommen Sie die Schicht am frühen Abend. Abgemacht!"

Dr. Taylors kleine braune Augen glänzten dankbar.

„Ich glaube, der Kaffee ist fertig", sagte Craig und stand auf. „Wer möchte eine Tasse?"

Jody hatte einen Riesenhunger. Trotzdem konnte sie es kaum abwarten, wieder nach draußen zu gehen und nach dem Baby zu sehen.

„Wir müssen die Delfine zwar im Auge behalten, aber wir sollten die beiden in den ersten Tagen trotzdem so viel wie möglich allein lassen", erklärte Alicia in diesem Moment und Jody seufzte enttäuscht. „Die ersten Tage sind für die Beziehung zwischen Missy und ihrem Kalb sehr wichtig. Man bezeichnet diese Phase auch als ‚Bonding'."

„Ich werde das Junge heute Nachmittag untersuchen

und wiegen", sagte Dan. „Danach sehe ich mir Evie und Bella an. Ich will sichergehen, dass sie die Aufregung von heute Morgen unbeschadet überstanden haben."

„Können wir Sie dabei filmen?", fragte Gina.

Dan nickte. „Gern. Es wäre toll, wenn wir ein Video-Tagebuch von den ersten Lebenswochen des Jungen hätten!"

„Kann ich dir dabei helfen?" Jody sah ihre Mutter flehend an.

Gina schüttelte lächelnd den Kopf. „Nicht nötig, mein Schatz", sagte sie. „Du hast gehört, was Alicia gesagt hat. Je weniger Trubel, desto besser."

Jody seufzte. „Gibt es denn gar nichts, was ich tun kann", sagte sie sehnsüchtig.

„Doch. Du kannst mir helfen, das Futter für die Delfine fertig zu machen", bot Tamika an.

„Au ja!", rief Jody fröhlich.

„Und was ist mit dir, Brittany? Möchtest du mit uns kommen?", fragte die Assistentin.

Brittany rümpfte die Nase. „Nein, danke. Ich bin nicht so scharf darauf, tote Fische anzufassen."

Tamika lachte. „Ich kann mir auch Schöneres vorstellen, aber die Delfine wollen schließlich auch was essen."

„Genau", sagte Jody. Sie warf Brittany einen prüfenden Blick zu. Vielleicht überlegte sie es sich doch noch einmal. Doch Brittany zuckte nur mit den Schultern. „Ich geh lieber zum Boot zurück.“ Sie lächelte. „Mein Vater will bestimmt wissen, was heute Morgen los war.“

„Sag Harry, er soll Sean und Jimmy rüberschicken, wenn sie ihm auf die Nerven gehen“, meinte Gina.

Als Jody ihren Teller abgeräumt hatte, folgte sie Tamika aus der Küche. Sie gingen über einen gepflasterten Weg am Bürogebäude vorbei und gelangten zu einem einzeln stehenden Gebäude aus weißem Stein.

Jody zog die Nase kraus. In der Luft hing ein penetranter Fischgeruch. „Hmmm, hier riecht's aber fein“, witzelte sie.

„Tja, das Futterhaus kann man eigentlich nicht verfehlen. Man muss einfach nur dem Fischgeruch folgen“, nickte Tamika. Sie steckte den Schlüssel ins Schloss einer Flügeltür und öffnete sie. Drinnen knipste sie das Licht an. Jody trat hinter ihr in einen großen, schlichten Raum mit Betonboden ein. An den Wänden standen zwei riesige Tiefkühltruhen und deckenhohe Schränke. Außerdem gab es noch ein großes Spülbecken und eine lange, saubere Arbeitsfläche. Auf einem Tisch standen mehrere Plastikeimer mit verschiedenen Fischsorten. Unter der Ablagefläche stapelten sich mindestens zwanzig bunte Plastikeimer.

Jody ging zielstrebig zum Regal und griff nach einem der Eimer. Es war nicht das erste Mal, dass sie Delfine fütterte. „Wie viele Eimer soll ich voll machen?", wollte sie wissen.

„So einfach geht das nicht", sagte Tamika. „Ich weiß, du kannst es kaum abwarten, mir zu helfen, aber wenn man Delfine füttert, wirft man nicht einfach nur einen Haufen Fische ins Wasser."

Jody sah sie überrascht an. „Nicht?"

„Leider nicht", antwortete Tamika. „Als Erstes müssen wir die Fische abwiegen, damit jeder Delfin genau die Futtermenge bekommt, die er braucht. Außerdem kommen noch Vitamintabletten ins Futter."

Das war Jody neu. Als sie das letzte Mal beim Füttern geholfen hatte, hatten die Eimer bereits fix und fertig am Beckenrand gestanden. Ihr war gar nicht klar gewesen, dass man dabei so viel vorbereiten musste.

Tamika öffnete einen der Schränke und griff in einen großen Plastikbehälter. Sie legte die Vitamintabletten in mehreren Stapeln auf die Arbeitsfläche.

„Warum bekommen die Delfine denn Vitamintabletten?", fragte Jody neugierig.

Tamika lächelte. „Weißt du, der Fisch kommt aus der Tiefkühltruhe und dabei gehen eine Menge natürlicher Vitamine verloren", erklärte sie.

Jody runzelte die Stirn. „Aus der Tiefkühltruhe? Warum denn das? Hier gibt es doch jede Menge frischen Fisch. Gestern Abend haben wir auch welchen gegessen.

Den haben Harry und Cam selbst gefangen. Das war total lecker!“

„Das stimmt schon, aber einfach ist die Sache leider nicht“, antwortete Tamika. „Schließlich gibt es auch Tage, an denen die Fischer nicht aufs Meer hinausfahren können, weil das Wetter zu schlecht ist oder manchmal fangen sie einfach nicht genug. Wenn wir dagegen tiefgekühlten Fisch kaufen, haben unsere Delfine immer genug zu fressen. Außerdem ist es viel billiger. Und es gibt noch einen Grund.“

„Und der wäre?“, fragte Jody.

„Delfine lieben öligen Fisch wie Hering und Capelin. Die gibt es hier aber nicht. Die kommen eher in kälteren Gewässern vor. Wenn wir tiefgefrorenen Fisch aus anderen Regionen kaufen, bekommen unsere Delfine sogar noch nahrhafteres Futter, als sie sich selbst fangen könnten.“

Die Assistentin klappte den Deckel der Plastikbox wieder zu und wandte sich zu Jody um. „Da drüben in der Schublade sind Gummihandschuhe. Die kannst du anziehen, ehe du loslegst. Dann schnappst du dir immer einen Eimer, auf dem ein Name draufsteht, und machst ihn voll. Und dann stellst du ihn auf die Waage hier.“ Dann deutete Tamika auf eine Wand, an der mehrere Listen hingen. „Hier steht bei jedem Namen, wie viel der jeweilige Delfin bekommt. Und dementsprechend musst du dann noch Fisch nachfüllen oder wieder welchen rausnehmen. Dann bringst du mir den Eimer und ich erledige das mit den Vitaminen. Alles klar?“

Jody nickte. Sie warf einen Blick auf die Liste. „Woher wisst ihr denn, wie viel Futter jeder Delfin braucht?“, fragte sie.

„Das ist eine Wissenschaft für sich“, gab Tamika lächelnd zu. „Damit hab ich zum Glück nichts zu tun. Das überlasse ich Alicia und ihrem Taschenrechner. Dan hat vor kurzem irgendwas von einem neuen Computerprogramm erzählt. Ich weiß nur, dass jeder Delfin zwischen fünf und zehn Prozent seines Körpergewichts pro Tag bekommt. Allerdings spielen auch noch andere Faktoren eine Rolle: zum Beispiel, wie viel sich die Tiere bewegen, die Außentemperatur, ihr Alter und Gesundheitszustand und so weiter und so fort.“

Jody schüttelte verwundert den Kopf. „Mann, ich hätte nie gedacht, dass das Füttern von Delfinen so kompliziert ist!“, meinte sie. Dann griff sie nach einem Eimer und machte sich an die Arbeit.

Kapitel 7

23. August, vor dem Frühstück
Hätte ich bloß meine Klappe gehalten! Gestern habe ich Lindsay in einer E-Mail von Missys Geburt erzählt. Sie hat mir sofort geantwortet und mir allen möglichen Tratsch aus der Schule erzählt. Eine Geschichte war so witzig, dass ich sie gestern beim Abendessen zum Besten gegeben habe. Und dann hat Mom plötzlich ein ganz komisches Gesicht gemacht – aber nicht etwa weil sie die Geschichte so komisch fand.
„Soll das heißen, die Schule hat schon wieder angefangen?", hat sie mich gefragt. Schluck! Natürlich war dann schon alles zu spät. Mom meinte, dann wäre es ja wohl auch höchste

Zeit für uns, mit dem Unterricht anzufangen. Die Zwillinge haben sofort laut losgestöhnt und Brittany ist plötzlich ganz still geworden und hat aufgehört zu essen. Ich hab zwar noch zu Mom gesagt, dass wir im „Delfinland" schließlich auch jede Menge lernen, aber das hat natürlich nichts genützt. Wenn sie sich erst mal was in den Kopf gesetzt hat, bringt sie so leicht keiner mehr davon ab.
Immerhin hat uns Dad versprochen, dass wir den Unterricht sofort unterbrechen und ins „Delfinland" kommen dürfen, wenn Bella und Evie Wehen bekommen.
Maddie will die Geburten ja auch auf keinen Fall verpassen. Und unseren Wachdienst müssen wir schließlich auch noch absolvieren. So müssen wir wenigstens nicht die ganze Zeit Schulaufgaben machen.
Trotzdem ist es mit der großen Freiheit wohl erst mal vorbei ...

Es klopfte an der Kabinentür. „Aufstehen, ihr zwei. Die Ferien sind vorbei. Frühstück ist fertig!", ertönte Maddies Stimme.

Jody räumte seufzend ihr Tagebuch und ihren Stift beiseite und hopste von ihrer Koje herunter. Brittany lag fertig angezogen auf ihrer Koje und starrte mit finsterer Miene an die Kabinendecke.

„Ist was?“, fragte Jody besorgt.

Brittany setzte sich abrupt auf und schüttelte mit düsterer Miene den Kopf. „Nein“, sagte sie matt. „Es geht schon.“

Jody hatte das ungute Gefühl, dass es Ärger geben würde. Brittany schien etwas auszubrüten. Trotzdem beschloss Jody, nicht weiter nachzufragen. Bei Brittany wusste man nie, wie sie reagieren würde.

Beim anschließenden Frühstück blickte Brittany immer noch düster vor sich hin. Lustlos stocherte sie auf ihrem Teller herum. Dabei gab es Pfannkuchen! Das war eigentlich ihr Lieblingsgericht.

Als Craig und Gina zum „Delfinland“ aufgebrochen waren und der Tisch abgeräumt war, platzte Brittany plötzlich los: „Sollen wir etwa alle zusammen Unterricht haben?“, wandte sie sich an Maddie. „Ich bin viel zu alt, um mit denen in eine Klasse zu gehen!“ Sie zeigte mit dem Finger auf Sean und Jimmy. Die Zwillinge saßen frisch gekämmt und gewaschen am Tisch und sahen mit ihren neuen Heften und Mäppchen vor sich richtig brav aus, fast wie Musterschüler.

„Das sind Drittklässler. Und ich bin in der siebten Klasse!“, fauchte sie.

„Weißt du, der Unterricht hier an Bord wird etwas

anders aussehen als euer normaler Schulunterricht", erklärte ihr Maddie geduldig. „Das ist ungefähr so, als ob ein Lehrer auf zwei verschiedene Klassen aufpasst. Keine Sorge, Sean und Jimmy bekommen andere Aufgaben als du und Jody." Sie blickte auf die rote und die blaue Mappe, die vor ihr auf dem Tisch lagen. „Ich werde mich abwechselnd um euch kümmern. Da du und Jody schon älter seid, erwarte ich allerdings von euch, dass ihr auch oft selbstständig arbeitet, ohne dass ich ständig daneben stehen muss. Natürlich könnt ihr jederzeit zu mir kommen, wenn ihr was nicht versteht oder ihr fragt einfach einen der anderen Erwachsenen an Bord."

„Das heißt sogar mich!" Cam streckte grinsend den Kopf aus der Kombüse. Er half Mei Lin beim Abwasch. „Ich bin zwar nicht ganz so schlau wie Maddie, aber ob ihr's glaubt oder nicht, ich war auch auf dem College – und Mathe war mein Lieblingsfach!"

„Cam hat angeboten, den Jungs heute Morgen multiplizieren beizubringen", erklärte Maddie.

„Was ist das, multiplizieren?", fragte Sean und runzelte die Stirn. „Ist das schwer oder leicht?"

„Das macht euch bestimmt Spaß", versprach Cam.

„Von wegen, das ist total öde", knurrte Brittany. Sie schnitt eine Grimasse. „Das soll Spaß machen? Dass ich nicht lache!"

Sean und Jimmy sahen sich zweifelnd an.

„Abwarten. Ihr habt ja keine Ahnung, was für ein witziger Lehrer ich bin“, erklärte Cam gelassen. „Und wenn ihr das mit dem Multiplizieren und Dividieren beherrscht, bringe ich euch vielleicht noch was über Navigation bei.“

Jimmy nickte begeistert. „Au ja! Können wir jetzt gleich anfangen?“

„Klar“, sagte Cam. „Schnappt euch eure Hefte und einen Stift und kommt mit nach oben. Draußen ist herrliches Wetter. Nicht zu heiß und nicht zu windig. Ich bin ein ziemlich lauter Lehrer. Deshalb verziehen wir uns lieber, damit wir Maddie und die Mädels nicht stören.“

„Danke, Cam“, sagte Maddie lächelnd. „Was würde ich nur ohne dich tun?“ Ihre Stimme war voller Wärme und Zuneigung. Cam zuckte verlegen mit den Schultern und wurde rot.

Brittany zog die Augenbrauen hoch und warf Jody einen viel sagenden Blick zu. Jody war froh, dass sich Brittanys Laune offensichtlich besserte. Sie wackelte mit den Augenbrauen und Brittanys Mundwinkel zuckten belustigt. Die Mädchen verdrehten die Augen und Jody unterdrückte mühsam ein Lachen. Als Maddie zu ihnen herübersah, saßen sie beide mit todernsten Mienen da, als wäre nichts geschehen.

Der Morgen verging erstaunlich schnell. Brittany

beteiligte sich am Unterricht, ohne sich weiter zu beschweren. Nach einer halben Stunde Einführung in Algebra ließ Maddie sie allein. Sie wollte, wie sie es ausdrückte, „Cam erlösen“ und sich um die Zwillinge kümmern. Brittany und Jody sollten solange einige Aufgaben lösen.

Als Sean und Jimmy später in ihre neuen Arbeitsbücher vertieft waren, hielt Maddie eine Geschichtsstunde über den Westen Amerikas. Sie erzählte sehr lebendig von all den historischen Ereignissen und Jody und Brittany hingen gebannt an ihren Lippen.

Danach zeigte ihnen Maddie das Geschichtsbuch, mit dem sie in Zukunft arbeiten würden. „Leider habe ich nur ein Exemplar. Das müsst ihr euch dann eben teilen“, begann sie.

Brittany runzelte die Stirn. „Na toll! Was sollen wir uns denn noch alles teilen? Bücher, den Computer … Vielleicht auch noch unsere Stifte?“

Jody seufzte. Warum machte Brittany nur immer so ein Theater?

Maddie ließ sich nicht aus der Ruhe bringen. „Sieh es einfach als weitere Übung an. Dabei kannst du lernen, im Team zu arbeiten“, sagte sie gelassen. „Wenn man nicht alles hat, werden die Leute oft erst richtig einfallsreich. So und jetzt gebe ich euch ein Blatt mit Fragen zu dem Thema, über das wir gerade gesprochen haben. Wenn ihr euch nicht sicher seid, könnt ihr im Buch oder auf dieser CD-ROM hier nachsehen …"

„Ich geh an den Computer!", rief Brittany hastig.

Jody runzelte ärgerlich die Stirn. Immerhin war es ihr Computer. „Das ist unfair!", wehrte sie sich.

„Jede von euch kann eine halbe Stunde an den Computer", erklärte Maddie entschieden. „Keine Bange. Die Fragen sind nicht besonders schwer. Ich möchte, dass ihr das Blatt vor dem Mittagessen ausfüllt."

Brittanys Miene verdüsterte sich wieder. „Ich habe aber keine Lust, von Hand zu schreiben. Zu Hause mache ich immer alle Hausaufgaben am Computer."

„Das sind aber keine Hausaufgaben", sagte Maddie. „Das ist ein ganz normales Blatt mit Fragen, die ihr mit Hilfe des Buchs beantworten sollt. Die Antworten sollen nicht länger als ein oder zwei Zeilen sein. Alles klar? Oder habt ihr noch Fragen?"

„Warum kann ich meine Antworten nicht mit dem Computer schreiben?", fragte Brittany trotzig.

„Weil ich möchte, dass ihr sie mit der Hand schreibt", erklärte Maddie mit fester Stimme. „Ende der Debatte." Sie reichte ihnen ein DIN-A4-Blatt. „Viel Spaß."

Jody klappte das Geschichtsbuch auf. Im ersten Kapitel fand sie alle Informationen, die sie brauchte. Sie begann die Fragen zu beantworten. Als sie fertig war, sah sie auf die Uhr und stellte erstaunt fest, dass schon vierzig Minuten vergangen waren. „Hey“, wandte sie sich an Brittany. „Die halbe Stunde ist schon längst vorbei …“

„Ich bin noch nicht fertig“, gab Brittany mürrisch zurück.

„Willst du nicht mal einen Blick in das Buch werfen?“, fragte Jody und bemühte sich, etwas freundlicher zu klingen.

„Nein!“ Brittany wandte den Blick vom Bildschirm ab und zog die Nase kraus. „Das blöde Buch kannst du von mir aus behalten. Die CD-ROM ist viel besser. Hier gibt es jede Menge Fotos und Tonaufnahmen von berühmten Leuten und Videos …“

„Aber wohl kaum vom Anfang des 19. Jahrhunderts!“, meinte Jody lachend.

Brittany sah sie an, als wäre sie nicht ganz richtig im Kopf. „Was interessiert mich das blöde 19. Jahrhundert?“, schnaubte sie.

Jody sah sie mit großen Augen an. „Hast du denn nicht die Fragen beantwortet, die Maddie uns gegeben hat?“

„Nö, aber da fällt mir schon was ein, keine Sorge.“ Brittany verdrehte die Augen.

Jody starrte sie ungläubig an. „Aber Maddie hat doch gesagt …“

„Ich weiß auch, was Maddie gesagt hat“, schnitt ihr

Brittany das Wort ab. „Na und!“ Sie wandte ihre Aufmerksamkeit wieder dem Bildschirm zu.

Jody hatte ganz und gar kein gutes Gefühl bei der Sache. Aber was konnte sie schon machen? Sie zuckte mit den Schultern und ging nach oben an Deck.

Harry saß zwischen den Zwillingen auf einer Sitzbank. Sean und Jimmy lasen ihm abwechselnd laut aus einem Buch vor. Harry nickte ernst. Ab und zu korrigierte er ein Wort und schien äußerst interessiert an der Geschichte.

Maddie saß auf der gegenüberliegenden Deckseite und unterhielt sich leise mit Cam. Als sie Jody sah, hielt sie inne und lächelte ihr zu. „Schon fertig?“, fragte sie und streckte die Hand nach dem Blatt Papier aus.

Jody nickte und reichte ihr das Aufgabenblatt. „Aber Brittany sitzt immer noch am Computer.“

„Ein paar Minuten gebe ich ihr noch“, sagte Maddie. Sie blickte über Jodys Schulter. „Sieh mal, da kommt ja deine Mutter.“

Jody drehte sich überrascht um. „Ist was passiert?“, fragte sie, sobald ihre Mutter an Bord geklettert war.

„Nein, nein“, antwortete Gina. Jody fand trotzdem, dass ihr Lächeln angespannt wirkte. „Evie schwimmt gemütlich wie immer durch die Gegend. Bella geht’s auch gut. Und Missy und ihrem Jungen geht es prächtig. Dein Vater und Dan werten gerade ein paar Testergebnisse aus und da dachte ich, ich komme zum Mittagessen an Bord und seh nach, was ihr so macht."

Jody kletterte hinter ihrer Mutter durch die Luke nach unten.

„Brittany, bist du zufällig gerade online?", fragte Gina.

„Nein", antwortete Brittany knapp.

„Dann lass dich von mir nicht weiter stören", sagte Gina mit einem schnellen Lächeln. „Ich will nur schnell eine E-Mail verschicken." Sie setzte sich an ihren Laptop.

„Machst du dir Sorgen um Tante Maria?", fragte Jody ihre Mutter.

Gina nickte. Ihre Finger flogen über die Tastatur. „Sie hat mir versprochen, mich auf dem Laufenden zu halten. Aber sie ist nie da, wenn ich bei ihr anrufe. Ich dachte, ich schicke ihr eine E-Mail und eine Kopie davon an Mike. Einer von ihnen wird dann hoffentlich mal antworten."

Mike war Marias Ehemann. Jody nickte düster und drehte ihren silbernen Delfinanhänger zwischen den Fingern.

Kurz darauf kam auch Maddie wieder nach unten. „So, Brittany", sagte sie. „Dann zeig mir doch mal, was du gemacht hast." Sie griff nach dem Blatt, das neben Brittany auf dem Tisch lag. Sie zog die Augenbrauen zusammen. „Aber du hast ja keine einzige Frage beantwortet!“

„Oh, das tut mir Leid“, sagte Brittany. Sie klang kein bisschen schuldbewusst. „Aber die CD-ROM war so interessant. Da hab ich ganz die Zeit vergessen ...“

Maddie schüttelte missbilligend den Kopf. „Ich weiß, es passiert leicht, dass man an einer interessanten Stelle hängen bleibt, aber du musst lernen, dich auf eine Aufgabe zu konzentrieren“, sagte sie. Sie seufzte. „Na ja, wenn du dich ein bisschen beeilst, schaffst du es bestimmt noch vor dem Mittagessen.“

Brittany runzelte die Stirn. Sie sah Maddie flehend an. „Kann ich das nicht später machen? Oder wenigstens was anderes? Ich hab gerade was über Präsident John F. Kennedy und Martin Luther King gelesen.“

„Das war aber nicht die Aufgabenstellung, Brittany. Hier“, sagte Maddie entschieden. Sie schob Brittany das Aufgabenblatt hin. „Mach den Computer jetzt aus. Lies Kapitel eins und beantworte die Fragen. Du hast eine halbe Stunde Zeit.“

Brittany machte ein trotziges Gesicht. „Ich mach es später.“

„Später musst du was anderes machen“, sagte Maddie. „Mach es jetzt.“

Sie starrten einander an. Maddies Miene war fest entschlossen. Brittanys Blick wurde feindselig

„Komm schon, Britt, das geht doch ganz schnell", sagte Jody, um die Situation zu entspannen. „Ich helfe dir, wenn du willst."

Brittany drehte sich zu ihr um. „Ich brauch deine Hilfe nicht! Wenn du glaubst, die Aufgaben sind zu schwer für mich, hast du dich geschnitten! Ich könnte sie schon machen, wenn ich wollte, aber ich *will* nicht! Und niemand kann mich dazu zwingen!"

„Jetzt reicht's aber!" Ginas Stimme war wie ein Peitschenhieb.

Jody blickte zu ihrer Mutter hinüber. Ihre Augen blitzten. Bei diesem Gesichtsausdruck wären ihre Brüder längst in Deckung gegangen.

„Jetzt ist aber Schluss mit dem Theater, Brittany! Maddie ist deine Lehrerin und du tust, was sie dir sagt. Genau wie in der Schule auch." Gina wandte sich ab. Damit war für sie die Sache offenbar erledigt. Sie stand auf und klappte ihren Laptop zu.

Brittany schluckte und machte ein unglückliches Gesicht. Jody war sich sicher, dass sie nachgeben würde. Doch dann sah sie, wie die Tochter von Harry einen Blick auf das Fragenblatt auf dem Tisch warf und sich ihr Gesichtsausdruck verhärtete.

Brittany wandte sich zu Gina um und sagte kraftlos: „Aber ich bin hier nicht in der Schule und Maddie ist nicht meine Lehrerin. Und du bist nicht mal mit mir verwandt, Tante Gina. Du kannst mir gar nichts vorschreiben."

„Überleg dir jetzt gut, was du sagst", sagte Gina mit gefährlich leiser Stimme.

Jody lief ein Schauer über den Rücken. Es war nur noch eine Frage der Zeit, bis ihre Mutter die Beherrschung verlieren würde.

„Wenn du weiter an Bord der *Dolphin Dreamer* bleiben willst", fuhr Gina fort, „dann musst du dich an die Regeln halten. Das heißt, du tust, was Maddie und ich sagen." Sie wartete.

Brittany warf den Kopf in den Nacken. „Und was ist, wenn ich das nicht tue?"

„Dann musst du das Schiff verlassen", antwortete Gina scharf. „Dein Vater wird dich auf ein Internat schicken und da kannst du meinetwegen so viele Tobsuchtsanfälle kriegen wie du willst." Sie warf Brittany einen eisigen Blick zu und sagte sehr leise: „Es ist deine Entscheidung, Brittany."

Kapitel 8

Jody wartete darauf, dass Brittany einlenkte und sich entschuldigte. Es hätte sie nicht gewundert, wenn sie in Tränen ausgebrochen wäre. Brittany tat ihr beinahe Leid, weil Gina so wütend auf sie war, dabei war sie ja selbst schuld daran.

Brittany holte tief Luft. Dann kehrte sie ihnen den Rücken zu und marschierte zur Tür.

„Komm sofort zurück!“, sagte Gina scharf.

Brittany verlangsamte nicht einmal ihr Schritttempo. „Nein!“, rief sie, ohne sich umzublicken. „Schickt mich ruhig weg. Auf diese Gelegenheit habt ihr doch schon lange gewartet! Ist mir doch egal! Ich hasse euch alle!“

Einen Augenblick später hörten sie die Kabinentür zuschlagen.

„Tja“, sagte Gina resigniert. „Das war’s dann wohl.“

Schweigend beobachtete Jody, wie ihre Mutter durch die Luke nach oben kletterte.

Maddie sah Jody an. „Was ist denn bloß in Brittany gefahren?“, fragte sie erstaunt.

Jody zuckte mit den Schultern.

„Die Mathe-Aufgaben hat sie alle gelöst“, sagte Maddie nachdenklich. „Und für die Ureinwohner Amerikas schien sie sich auch zu interessieren … Warum konnte sie dann nicht die paar einfachen Fragen beantworten?“

„Wahrscheinlich hatte sie einfach keine Lust“, sagte Jody. „Brittany ist total verwöhnt. Zu Hause bei ihrer Mutter muss sie bestimmt nie etwas machen, was sie nicht will.“

Maddies Miene blieb skeptisch. „Ich weiß nicht. Ich habe das Gefühl, dass mehr dahinter steckt. Aber wenn sie es uns nicht sagen will …“ Sie seufzte und schüttelte nachdenklich den Kopf.

Jody zuckte hilflos die Schultern. „Ich red mal mit Mom“, sagte sie.

Zu ihrer Überraschung sagte Maddie: „Ich komme mit dir.“

Gina war an Deck und sprach mit Harry. „Es tut mir wirklich Leid, aber ich fürchte, es bleibt uns nichts anderes übrig. Wenn Brittany Maddie nicht als Lehrerin akzeptiert, kann sie nicht bleiben“, schloss sie.

Auf Harrys wettergegerbtem, bärtigem Gesicht lag ein unglücklicher Ausdruck. „Natürlich", sagte er leise. „Aber ich verstehe das nicht. Ich war mir sicher, dass sie sich inzwischen gut eingelebt hat. Außerdem weiß ich, dass gerade du es ihr sehr angetan hast ..."

Gina lachte trocken. „Das kann schon sein, aber im Moment ist sie garantiert nicht sonderlich gut auf mich zu sprechen!"

„Harry", sagte Maddie. „Hat Brittany normalerweise Schwierigkeiten in der Schule?"

Der Kapitän schüttelte verneinend den Kopf. „Soweit ich weiß schon lange nicht mehr. Anfangs hatte sie ein paar Lernschwierigkeiten. Dann hat sie die zweite Klasse wiederholt und danach schien eigentlich alles in Ordnung zu sein."

Jetzt verstand Jody auch, warum Brittany in der gleichen Klasse war, obwohl sie ein Jahr älter war als sie.

Maddie sah Harry interessiert an. „Sie hat ein Jahr wiederholt? Und warum genau?"

„Sie hatte Probleme mit dem Lesen", erklärte Harry. „Aber das ist schon Jahre her. Inzwischen ist sie eine gute Schülerin. Ihre Noten liegen weit über dem Durchschnitt und ihre Zeugnisse sind immer sehr gut."

„Hätte ich das bloß früher gewusst", sagte Maddie. Sie schüttelte mit schuldbewusster Miene den Kopf. „Harry, kannst du mir einen Gefallen tun?"

„Natürlich“, antwortete er.

„Kannst du Brittanys Mutter fragen, ob sie in der Schule in irgendeinem Fach Nachhilfe bekommen hat oder ob es sonst etwas gibt, was ich als ihre neue Lehrerin wissen sollte?“, bat ihn Maddie.

Harry machte ein verwirrtes Gesicht. Er sah zu Gina hinüber. „Aber Brittany wird sowieso nicht mehr dein Problem sein“, meinte er.

„Wenn du sie auf eine andere Schule schickst, sollten die neuen Lehrer auch wissen, woran sie sind“, sagte Maddie. „Ich würde am liebsten mit ihrem alten Klassenlehrer sprechen …“ Sie hielt inne und sah Gina entschuldigend an. „Ich meine, wenn ich sie unterrichten würde“, fügte sie hinzu.

Gina seufzte. „Ehrlich gesagt schicke ich sie nur ungern fort“, sagte sie leise. „Ich bin mir sicher, dass es für Brittany viel besser ist, hier bei ihrem Vater zu sein als auf einem Internat. Trotzdem muss sie sich in die Gruppe einfügen, sonst funktioniert das nicht. Wenn Brittany bleiben möchte, muss sie sich entschuldigen – und zeigen, dass sie es auch wirklich ernst meint“, fuhr Gina fort. „Wenn wir in sechs Monaten erst mal mitten auf dem Ozean sein werden, kann sie es sich nicht noch einmal anders überlegen. Wenn sie nicht bereit ist, die Regeln zu akzeptieren, dann ist es besser, wenn sie gleich geht.“

Harry nickte. „Ich geh mal kurz telefonieren“, sagte er. Er seufzte. „Ich will doch nur das Beste für sie“, sagte er traurig.

Beim Mittagessen herrschte düstere Stimmung. Brittany ließ sich nicht blicken und keiner erwähnte ihren Namen. Mei Lins chinesischer Hähnchen-Nudel-Salat war so köstlich wie immer, doch nur Sean, Jimmy und Dr. Taylor schienen Appetit zu haben.

Nach dem Essen ging Jody in ihre Kabine. Brittany lag mit dem Gesicht zur Wand auf ihrer Koje. Jody zögerte einen Moment und sagte dann: „Brittany? Willst du mit mir reden?“ Sie hatte keine Ahnung, wie sie reagieren würde. Doch Brittany schwieg und rührte sich nicht einmal. Vielleicht schlief sie ja.

Jody seufzte und ging zu ihrer Mutter und ihren Brüdern zurück. In wenigen Minuten würden sie sich auf den Weg zum „Delfinland“ machen.

Unterwegs klingelte Ginas Funktelefon. Sie hielt es an ihr Ohr. „Hallo? … Mike! Wie geht's Maria? Wo ist sie?“

Jody beobachtete ihre Mutter und sah, wie sie nervös auf ihrer Unterlippe kaute.

Gina hielt den Atem an. „Im Krankenhaus! Aber …

bist du sicher, dass es ihr gut geht? Ganz ehrlich? Bitte sag mir die Wahrheit. Mmm. Mmm." Sie nickte mehrmals und sagte schließlich: „Gut. Vielen Dank für den Anruf, Mike. Sag Maria, sie soll mich mal anrufen, wenn sie Zeit hat, ja? Mach's gut."

„Was ist denn los?", fragte Jody. „Was hat Onkel Mike gesagt?"

„Maria ist im Krankenhaus", antwortete Gina. „Sie soll dort ein paar Tage zur Beobachtung bleiben. Er hat gesagt, es wäre alles in Ordnung. Das wäre nur eine Vorsichtsmaßnahme."

Jody sah ihrer Mutter an, dass sie nicht so recht daran glaubte. Sie griff nach der Hand ihrer Mutter und drückte sie.

„Tante Maria geht's bestimmt gut. Und wenn wirklich was nicht stimmt, ist sie ja im Krankenhaus bestens aufgehoben."

Sie versuchte ihrer Stimme einen sicheren Klang zu verleihen.

Gina erwiderte ihren Händedruck und lächelte matt. „Du hast ja Recht, mein Schatz. Außerdem nutzt es Maria auch nichts, wenn ich mir Sorgen um sie mache. Wir müssen einfach abwarten und hoffen, dass alles gut geht."

Als Jody neben dem Delfinbecken stand und ins Wasser blickte, besserte sich ihre Laune schlagartig. Missy schwamm zielstrebig zu ihr und schubste ihr Kalb an die Wasseroberfläche. Zum ersten Mal sahen sich Jody und das Delfin-Baby in die Augen. Mit seinen großen dunklen Augen sah das Junge wie eine Miniaturausgabe seiner Mutter aus.

Jody durchströmte ein Glücksgefühl. „Willst du mir dein Baby zeigen?“, fragte sie Missy sanft. „Jedenfalls sieht es so aus. Ich finde, es wird höchste Zeit, dass es einen Namen bekommt, findest du nicht auch?“

Missy schnatterte und pfiff.

Jody konnte zwar nicht verstehen, was die junge Delfinmutter sagte, trotzdem war sie sicher, dass sie ihr etwas mitteilen wollte. „Soll das heißen, du hast ihm schon einen Namen gegeben?“, fragte sie weiter.

Plötzlich kam sie sich ziemlich dumm vor. „Als ob du warten würdest, bis ihm jemand anders einen Namen gibt … und natürlich gibst du ihm auch keinen Menschennamen! Aber da wir eure Sprache leider nicht verstehen können – oder zumindest noch nicht – müssen wir euch eben Namen geben, die wir verstehen.“ Sie kratzte sich am Kopf. „Ich frage mich, ob ihr euren Menschenfreunden auch Delfinnamen gebt? Habt ihr zum Beispiel einen Namen für mich?“

Doch Missy antwortete nicht. Ihr Kalb schwamm

langsam von ihr weg. Mit einem energischen Flossenschlag schwamm Missy ihrem streunenden Baby hinterher. Bella hatte den kleinen Ausreißer ebenfalls bemerkt und glitt flink zu ihm, um ihm den Weg abzuschneiden. Sie manövrierte das Junge sanft zu seiner Mutter zurück.

Jody beobachtete, wie die drei Tiere ans andere Beckenende schwammen. Das Kalb bewegte sich noch ziemlich ungeschickt und schlug wild mit der Schwanzflosse. Es musste noch eine Menge lernen, ehe es sich so anmutig wie seine Mutter fortbewegen konnte.

Mit einem Lächeln auf den Lippen ging Jody zum Bürogebäude hinüber. Ihre Mutter saß mit Alicia und Tamika vor einem Computer-Bildschirm. Sie blieb zögernd im Türrahmen stehen.

Gina sah auf und lächelte ihr aufmunternd zu. „Komm ruhig rein, mein Schatz“, sagte sie. „Wir entwerfen gerade eine Geburtsanzeige für Missys Kalb.“

„Hat es denn schon einen Namen?“, fragte Jody und stellte sich zu ihnen. Neugierig betrachtete sie das Foto von Missy und ihrem Baby auf dem Bildschirm.

„Darum geht es ja gerade“, sagte Alicia. „Wir bitten die Leute um Vorschläge. Und dann suchen Dan und ich den Namen aus, der uns am besten gefällt.“

„Soll das heißen, ich kann mir auch einen Namen für das Baby ausdenken?“, fragte Jody aufgeregt.

Alicia nickte lächelnd. „Klar! Denk dir was Schönes aus. Wer weiß, vielleicht nehmen wir sogar deinen Vorschlag."

„Ich werde mein Bestes versuchen", versprach Jody. Sie schlenderte nachdenklich aus dem Büro und begann über einen Namen nachzugrübeln. Sie war froh über die Ablenkung. Sie hatte wirklich keine Lust, sich den Kopf über Brittanys merkwürdigen Wutanfall zu zerbrechen. Sich für Missys Baby einen Namen auszudenken machte viel mehr Spaß.

Als sie sich wieder auf den Rückweg zum Boot machten, war es schon spät. Jody hatte sich nur schweren Herzens von den Delfinen getrennt.

Ihrer Mutter ging es genauso. „Am liebsten würde ich vierundzwanzig Stunden bei Evie bleiben", sagte sie bedauernd.

„Ich auch", nickte Alicia. „Aber das geht natürlich nicht. Und ihr wisst ja, dass immer jemand auf sie aufpasst, auch wenn ihr nicht da seid. Und sobald sich was tut, rufen wir euch sofort an." Sie winkte ihnen lächelnd hinterher.

Jody öffnete leise die Kabinentür. Brittany schien schon tief und fest zu schlafen. Es war ja auch schon recht spät. Trotzdem fragte sich Jody, ob sie wohl den ganzen Tag im Bett verbracht hatte. Jody knipste die kleine Nachttischlampe an und versuchte so wenig Lärm wie möglich zu machen. Nachdem sie ihren Schlafanzug angezogen hatte, fiel ihr Blick auf ein Blatt Papier auf der Ablage. Es war das Aufgabenblatt von heute Morgen. Anscheinend hatte Brittany doch noch beschlossen, die Fragen zu beantworten.

Mit gerunzelter Stirn überflog Jody Brittanys Antworten. Hatte Harrys Tochter etwa absichtlich schlampig geschrieben? Oder hatte sie wirklich so eine Klaue? Jody konnte nicht sagen, was schlimmer war: die Krakelschrift oder die vielen Rechtschreibfehler!

Plötzlich hörte sie ein ersticktes Schluchzen hinter sich.

Jody drehte sich überrascht um. „Brittany?“, fragte sie leise. Aus dem Schluchzen wurde ein heftiger Weinkrampf. Jody setzte sich neben Brittany auf die Bettkante. Hilflos hörte sie zu, wie das Mädchen weinte. Dann legte sie ihr die Hand auf die Schulter.

Brittany drehte sich zu ihr um. „Ich will nicht weg!“, wimmerte sie. „Ich will hier bleiben! Ich weiß, ich hab gesagt, dass ich euch alle hasse, aber das ist nicht wahr! Ich mag Tante Gina und Maddie, aber ich hab mich heute Morgen so schrecklich benommen, dass sie mich jetzt bestimmt hassen!“

„Ach was“, sagte Jody. „Mom ist zwar tierisch wütend geworden, aber deswegen hasst sie dich doch noch lange nicht. Sie macht sich nur Sorgen um dich.“

Brittany hörte auf zu weinen. Sie sah durch einen Tränenschleier zu Jody hoch. „Wirklich?“, schniefte sie.

Jody nickte.

„Meinst du, deine Eltern lassen mich hier bleiben? Wenn ich ihnen sage, dass es mir wirklich sehr, sehr Leid tut?“, fragte Brittany stockend.

Jody biss sich auf die Unterlippe. Dann nickte sie. „Aber dich nur zu entschuldigen reicht nicht“, sagte sie warnend. „Wenn du hier bleiben willst, musst du tun, was man dir sagt. Und deine Tobsuchtsanfälle musst du dir auch abgewöhnen – und die Schulaufgaben musst du natürlich auch machen.“

Brittanys Miene verdüsterte sich. Sie begann wieder zu weinen.

Jody seufzte. Sie war hundemüde. Allmählich verlor sie die Geduld. „Ach komm schon, Brittany. Du bist doch in Florida auch zur Schule gegangen. Jetzt hör endlich auf zu weinen und sag mir lieber, was los ist!“

Es dauerte eine Weile, bis Brittany sich wieder beruhigt hatte.

„Das Aufgabenblatt liegt da drüben. Sieh's dir an.“

Jody wollte nicht zugeben, dass sie das längst getan hatte. Wahrscheinlich würde ihr Brittany dann unterstellen, dass sie in ihren Sachen herumschnüffelte. Sie stand auf und griff nach dem Blatt Papier. „Ist deine Handschrift immer so schlimm?“, fragte sie.

„Dafür habe ich Stunden gebraucht“, sagte Brittany kläglich. „Das glaubst du mir jetzt bestimmt nicht und Maddie wahrscheinlich auch nicht, aber ich habe mir wirklich große Mühe gegeben. Auf meiner letzten Schule durfte ich immer am Computer schreiben und konnte die Rechtschreibkontrolle drüberlaufen lassen. Dann ging's einigermaßen. Wenn ich von Hand schreibe, vertausche ich ständig die Buchstaben.“

Sie seufzte tief. „Maddie hat mir ja nicht erlaubt, den Computer zu benutzen. Genau wie auf meiner ersten Schule auch. Meine Lehrer haben gemeint, ich müsste mich eben mehr anstrengen. Dabei hab ich mich schon so angestrengt. Und wenn Daddy mich jetzt auf ein Internat schickt, denken die bestimmt auch wieder, dass ich mich absichtlich so dumm anstelle. Dann bekomme ich wieder schlechte Noten und alle hassen mich ...“ Sie brach wieder in Tränen aus.

Jody dachte an das Gespräch zwischen Maddie und Harry zurück. „Pass mal auf“, sagte sie. „Maddie hat heute Morgen deinen Vater gefragt, ob du besondere Schwierigkeiten in der Schule hattest. Sie meinte, sie würde sich gerne mal mit deinem Klassenlehrer unterhalten."

Brittany machte ein erstauntes Gesicht und zog die Nase hoch.

„Hat sie das wirklich gesagt?", krächzte sie.

Jody nickte. „Sie wollte einfach nicht glauben, dass du nur keine Lust hast, deine Aufgaben zu machen. Und Harry hat gesagt, dass du letztes Jahr überall gute Noten hattest."

Brittany nickte heftig und ihre Tränen trockneten auf ihren Wangen. „Das stimmt! In der Schule gab es ein spezielles Computerprogramm für mich und die Lehrer haben mir mehr Zeit für die Aufgaben gegeben, falls es nötig war. Sie haben mich nicht für dumm oder langsam gehalten. Sie meinten, ich hätte eine Lese- und Rechtschreibschwäche und dass es viele schlaue Leute gäbe, die das haben!"

„Maddie würde dir bestimmt auch helfen, wenn sie das wüsste", sagte Jody. „Ich weiß, dass sie dir gerne helfen würde."

„Wirklich?" Brittany sah sie hoffnungsvoll an. Dann verdüsterte sich ihre Miene wieder. „Aber deine Mutter will bestimmt nicht, dass ich hier bleibe. Ich war so gemein zu ihr …", sagte sie mit bebender Stimme.

„Geh einfach zu ihr und entschuldige dich", sagte Jody schnell. „Erzähl ihr das Gleiche wie mir. Und Maddie auch. Wenn du Mom sagst, dass du wirklich gerne bleiben möchtest, dann lässt sie dich bestimmt."

„Glaubst du wirklich?", wollte Brittany wissen und wischte sich mit dem Ärmel ihres Schlafanzugs das Gesicht ab.

Jody nickte und stand auf. „Na los, geh schon. Je schneller du es hinter dich bringst, desto besser."

Brittany riss die Augen auf. „Was, jetzt sofort? Aber ich weiß gar nicht, was ich sagen soll ..."

„Wie wär's mit: Es tut mir Leid", schlug Jody vor.

Brittany nickte. „Aber allein traue ich mich nicht", sagte sie. „Ich hab mich deiner Mutter gegenüber so mies benommen. Ich weiß gar nicht, wie ich ihr gegenübertreten soll."

Jody sah, dass Brittany wirklich Angst hatte. Sie lächelte ihr aufmunternd zu. „Keine Sorge. So schlimm wird's bestimmt nicht, glaub mir. Mom wird dich schon nicht auffressen." Sie seufzte. „Na schön, dann komme ich eben mit."

Gina und Craig saßen mit Harry im Salon. Als die beiden Mädchen den Raum betraten, sahen sie überrascht auf.

„Ich dachte, ihr schlaft schon lange", sagte Gina.

Jody warf Brittany einen Blick von der Seite zu. „Brittany konnte nicht schlafen, weil sie dir gern etwas sagen möchte."

Alle Augen richteten sich auf Brittany, die wie angewurzelt da stand und kein einziges Wort herausbrachte. Jody stupste Brittany aufmunternd in die Seite. Das schien zu wirken.

„Es … es tut mir Leid, dass ich mich heute Morgen so schlecht benommen habe“, begann Brittany und sah Gina an. „Ich verspreche, dass so was nie wieder vorkommen wird und in Zukunft mache ich auch alles, was ihr mir sagt. Bitte lasst mich hier bleiben. Bitte schickt mich nicht weg!“

Gina sah sie forschend an. „Entschuldigung angenommen“, sagte sie. „Aber wenn ich glauben soll, dass du deine Einstellung wirklich geändert hast, brauche ich mehr als eine Entschuldigung. Woher soll ich wissen, dass so etwas nicht noch einmal vorkommt? Kannst du mir das erklären? Warum wolltest du die Fragen nicht beantworten, die Maddie dir gegeben hat?“

„Ich hab sie ja beantwortet“, sagte Brittany. „Heute Morgen konnte ich es einfach nicht – ich konnte es nicht, ehrlich!“ Einen Moment lang sah es so aus, als würde sie wieder in Tränen ausbrechen.

Harry machte einen Schritt auf sie zu, dann besann er sich eines Besseren und beobachtete seine Tochter mit unglücklicher Miene.

Jody blickte in das enttäuschte Gesicht ihrer Mutter. Natürlich deutete sie Brittanys Antwort als weiteren Beweis für ihre Dickköpfigkeit. „Brittany hat eine Lese- und Rechtschreibschwäche“, sagte sie leise.

Die anderen starrten sie ungläubig an.

Schließlich nickte Brittany. „Ich muss mich beim Lesen wahnsinnig konzentrieren, damit ich alles verstehe“, begann sie. „Und wenn ich was schreiben will, kommen immer die Buchstaben durcheinander … das sieht dann ganz furchtbar aus! Und als Maddie gesagt hat, dass ich die Antworten mit der Hand schreiben muss, wusste ich schon, dass ich wieder eine Ewigkeit dafür brauchen würde und trotzdem haufenweise Fehler drin wären … Auf meiner letzten Schule durfte ich immer den Computer benutzen. Sie haben gesagt, ich könnte nichts dafür und dass ich meine Sache schon sehr gut mache!“ Brittany hielt inne und holte tief Luft. Sie sah immer noch aus, als würde sie jeden Moment losheulen. Mit gesenktem Blick fügte sie hinzu: „Ich wollte nicht, dass Jody sieht, wie sehr ich mich für die paar Sätze abmühen muss. Ich hatte Angst, dass sie und Maddie mich für dumm halten!“

„Und deshalb hast du lieber in Kauf genommen, dass wir dich für ein verwöhntes, ungezogenes, eigensinniges Biest halten“, murmelte Gina mit zuckenden Mundwinkeln. „Oh, Brittany …“

„Mein armer Schatz“, platzte Harry los. „Es tut mir ja so Leid. Das hätte ich natürlich wissen müssen!“

Er sah Brittany schuldbewusst an. „Das kommt davon, wenn man seine Tochter nicht so oft sieht!“

Brittany drehte sich zu ihm um. „Bitte schick mich nicht weg, Daddy! Lass mich hier bleiben!“ Sie sah Gina flehend an. „Ich verspreche, dass ich alles tun werde, was du, Onkel Craig und Maddie mir sagen!“

Harry sah Gina fragend an und wartete mit ängstlicher Miene auf ihre Antwort.

Gina lächelte und sagte: „Keine Bange, Brittany. Jetzt, wo wir wissen, warum du dich so verhalten hast, kannst du natürlich bei uns bleiben!“

Kapitel 9

28. August, später Nachmittag, „Delfinland“.
Ich sitze gerade am Delfinbecken und lasse die Füße ins Wasser hängen, um mich ein bisschen abzukühlen. Die Wolken türmen sich am Himmel und kein Lüftchen regt sich. Es gibt bestimmt bald ein Gewitter. Hoffentlich kühlt es dann ein bisschen ab. Dan und Alicia haben uns heute zum Abendessen eingeladen. Brittany ist in der Küche und hilft Maddie dabei, einen großen Salat zu machen.
Bellas Baby ist immer noch nicht geboren – dabei haben alle gedacht, sie wäre als Erste dran. Ob es heute Nacht endlich losgeht?
Eigentlich sieht sie so aus wie immer und

gleitet in aller Seelenruhe mit den anderen Delfinen durchs Wasser.
Missys Kalb geht es immer noch gut. Es nimmt jeden Tag an Gewicht zu und wird immer stärker und mutiger. Aber seine „Tanten" passen schon auf, dass es sich nicht zu weit von seiner Mutter entfernt. Bis jetzt ist mir noch kein vernünftiger Name eingefallen, aber Lindsay hat mir ein paar tolle Vorschläge gemailt. Ich hab ihr geschrieben, dass ich einen schönen Namen mit „M" suche und sie hat gemeint, ich hätte doch die Geburt als „magisch" beschrieben. Da würde doch der Name „Magic" gut passen. Oder man könnte das Baby nach einem berühmten Zauberer wie Merlin nennen. Ich finde, Merlin und Magic sind beides schöne Namen. Weil ich mich nicht entscheiden konnte, welcher mir besser gefällt, habe ich einfach beide Namen vorgeschlagen. Hoffentlich gewinnt einer von ihnen. Dann wäre es fast so, als wäre Lindsay auch hier und wir könnten alles gemeinsam erleben. Meine beste Freundin fehlt mir wirklich sehr ...

Dumpfes Donnergrollen ließ Jody von ihrem Tagebuch aufblicken. Sie sprang rasch auf und lief zu den Gebäuden hinüber. Sie erreichte sie gerade noch rechtzeitig, ehe die ersten schweren Regentropfen auf den Boden prasselten.

Das tropische Gewitter war kurz und heftig. Als sie sich alle an Alicias und Dans großem Küchentisch zum Abendessen versammelt hatten, war es schon längst wieder vorbei.

Jodys Blick glitt über die Gesichter: Mom, Dad, Maddie, Brittany, Dr. Taylor, Tamika, Alicia, Dan. Die Zwillinge hatten beschlossen, heute Abend lieber mit Cam fischen zu gehen. Sie runzelte die Stirn. „Wer passt denn jetzt auf die Delfine auf?“, fragte sie.

„Rachel und Josh“, antwortete Dan und stellte einen großen Topf mit Chili neben die Salatschüssel und den Brotkorb auf den Tisch.

Jody atmetete erleichtert auf. Die beiden Studenten aus Texas hatte sie ganz vergessen. Sie waren einige Tage zuvor angekommen und völlig hin und weg – voneinander und von den Delfinen.

„Die beiden essen später“, erklärte Alicia und begann die Teller mit Chilisoße zu füllen und weiterzureichen.

„Mmm, das riecht aber lecker“, sagte Craig. „Ich habe einen Bärenhunger.“

Das Mobiltelefon an Dans Gürtel schrillte. Am Tisch wurde es mucksmäuschenstill.

„Dan Levy“, meldete er sich. Die Anspannung war in

seiner Stimme zu hören. „Rachel! Was gibt's? Ja, das hört sich tatsächlich so an. Wir kommen sofort!"

Jody sprang gleich ganz aufgeregt auf. „Bekommt Bella ihr Baby?"

Alicia sah ihren Mann fragend an.

„Jep." Dan grinste und stand vom Tisch auf. „So wie sich die anderen Delfine um sie herum versammelt haben … Kommt mir sehr bekannt vor. Sieht ganz so aus, als könnten wir heute Abend noch auf die zweite Geburt anstoßen."

Das Abendessen war erst mal vergessen. Alle waren sofort aufgesprungen und zum Delfinbecken gelaufen. Nur Dr. Taylor war seufzend aufgestanden und hatte sich noch schnell ein Brötchen mitgenommen.

„Wir müssen jetzt so leise wie möglich sein", flüsterte Dan mit ernster Miene, als sie am Becken anlangten. Das aufgeregte Geplapper erstarb sofort. Er lächelte. „Bella ist zwar eine erfahrene Mutter und an viele Menschen gewöhnt, aber so eine Geburt ist schon aufregend genug. Sie braucht jetzt unbedingt Ruhe und die Unterstützung ihrer Freundinnen. Wir dürfen sie auf keinen Fall ablenken."

Alle nickten. Jody blickte gebannt in das klare Wasser und sah, wie Bella sanft erzitterte. Ihr Körper bog und streckte sich in regelmäßigen Abständen. Lola und Evie waren dicht neben ihr. Jody war sich sicher, dass ihre Nähe Bella beruhigte und ihr die Kraft gab, die sie brauchte.

Nach ein paar Minuten glitt Evie unter Bella und drückte sie sanft zum Luftholen an die Wasseroberfläche. Einen Moment lang ruhte sich Bella aus, dann bog sich ihr Körper erneut.

„Ich glaube, jetzt ist es gleich so weit“, sagte Dan mit gesenkter Stimme.

Gina verfolgte die Szene durch den Sucher der Videokamera. Sie hielt die Luft an.

Brittany flüsterte: „Ich kann den Kopf sehen!“

Jodys Magen zog sich ängstlich zusammen. Normalerweise kamen Delfine mit der Schwanzflosse zuerst zur Welt. Brittany hatte bestimmt nicht richtig hingesehen. Sie beugte sich angespannt vor und versuchte zu erkennen, was unter Wasser vor sich ging. In diesem Moment sah sie die lange, spitze Schnauze des Delfin-Babys aus Bellas Körper herausragen. Nach und nach erschien ein Auge und die Rundung seines Kopfes.

Alicia stöhnte leise auf und die Umstehenden traten unruhig von einem Bein auf das andere.

Jody lief es eiskalt den Rücken herunter. Sie hatte plötzlich große Angst. Ihre Finger umschlossen den silbernen Delfinanhänger, den sie an einer feinen Kette um den Hals trug, und sie wünschte sich von ganzem Herzen, dass es dem Baby gut ging.

„Vielleicht ist trotzdem alles in Ordnung“, sagte Dan leise. „Normalerweise kommen die Delfin-Babys mit der Schwanzflosse zuerst auf die Welt, aber inzwischen hat man herausgefunden, dass Geburten mit dem Kopf voraus viel häufiger vorkommen, als man angenommen hat.“

Dans Worte waren tröstlich, doch die ausgelassene Stimmung war gänzlich verflogen. Alle machten sorgenvolle Gesichter.

Die restliche Geburt verlief sehr schnell. Das Kalb glitt aus seiner Mutter heraus. Mit einer energischen Bewegung ihres Körpers zerriss Bella die Nabelschnur.

Lola schoss nach vorn. Sie schwamm unter das neugeborene Junge und stupste es vorsichtig zur Wasseroberfläche. Das Delfin-Baby schien mehr Hilfe als Missys Kalb zu brauchen. Bella stieß immer wieder ihren Erkennungspfeifton aus und beförderte ihr Junges gemeinsam mit ihrer Tochter an die Wasseroberfläche.

„Es bewegt sich nicht“, sagte Gina mit gepresster Stimme.

„Doch“, sagte Brittany. „Ich kann es sehen.“

Jody war sich da nicht so sicher. Natürlich bewegte sich das Junge durchs Wasser, aber nur weil Bella und Lola es vor sich herschoben. Oder versuchte es wirklich sich aus eigener Kraft fortzubewegen? Mit angehaltenem Atem verfolgte sie die Szene.

„Es atmet nicht“, sagte Alicia. Sie schluchzte besorgt auf.

Jody starrte beschwörend auf den kleinen Delfin, als könnte sie ihn dazu bringen zu atmen.

Lola und Bella hielten das Junge über die Wasseroberfläche. Wie schwach das Delfin-Baby auch sein mochte, sobald es mit der Luft in Berührung kam, wurde normalerweise der Ateminstinkt ausgelöst, mit dem es das Blasloch öffnete. Doch das Kalb rührte sich immer noch nicht.

„Ich fürchte, wir haben es verloren“, sagte Dan leise und legte den Arm um Alicia. „Arme Bella.“

Jody blinzelte. Sie schüttelte ärgerlich den Kopf und versuchte die Tränen und den Kloß in ihrem Hals herunterzuschlucken. Sie wollte jetzt nicht weinen, denn dann hätte sie die Hoffnung aufgegeben.

Bella und Lola hatten auch noch nicht aufgegeben. Sie hielten das Kalb immer noch an der Wasseroberfläche und gaben ihm eine Lebenschance. Jody wandte den Blick von der traurigen Szene im Wasser ab und sah zu Dan und Alicia hinüber, die sich im Arm hielten.

„Könnt ihr nicht irgendwas tun?“, flehte sie. „Ihr seid doch Tierärzte! Könnt ihr Bellas Baby nicht retten?“

Dan schüttelte den Kopf. „Wir können ihm nicht mehr helfen“, sagte er leise. „Es ist tot. Wahrscheinlich hat es nie richtig gelebt.“

„Aber warum?“, stieß Jody verzweifelt hervor. „Was ist schief gegangen?“

„Das wissen wir nicht“, antwortete Alicia. „Bella hat alles richtig gemacht. Sie war gesund. Wir haben alles für sie getan, was wir konnten, aber …“ Sie hob hilflos die Hand. In ihren Augen glitzerten Tränen. „Viele neugeborene Delfine überleben einfach nicht. Wir wissen nicht warum.“

Jody hatte sich noch nie in ihrem Leben so verzweifelt und traurig gefühlt. Sie begann zu weinen und zitterte am ganzen Körper. Plötzlich spürte sie, wie jemand sie in den Arm nahm. Als sie aufblickte, sah sie erstaunt, dass es Brittany war.

28. August, Abend, „Delfinland“
Bellas Baby ist tot! Das arme kleine Kalb hat keinen einzigen Atemzug gemacht. Ich kann nicht aufhören zu weinen. Arme, arme Bella. Die anderen sind jetzt beim Abendessen. Alicia hat das Chili noch mal aufgewärmt, aber ich hab keinen Bissen runtergebracht. Deshalb hab ich angeboten, Wache zu halten. Ich sitze jetzt allein in Alicias Büro und behalte den Monitor im Auge.
Dan meinte, es wäre besser, wenn wir uns eine Weile vom Delfinbecken fern halten, damit Bella

und die anderen Zeit haben, mit der Situation klarzukommen.
Alicia hat gemeint, wir müssten uns nun auf Missys Kalb und auf Evie, die bald ihr Baby bekommen wird, konzentrieren. Ich habe jetzt schreckliche Angst davor. Vorher konnte ich es kaum erwarten, aber jetzt könnte ich es einfach nicht ertragen, noch ein Delfin-Baby sterben zu sehen. Aber wenn es Bellas Baby schon nicht geschafft hat, welche Chance hat dann das von der guten alten Evie? Evie hat bis jetzt noch nie ein lebendes Junges geboren und inzwischen ist sie so alt, dass alle meinen, das wäre wahrscheinlich ihre letzte Chance Mutter zu werden ...

Am nächsten Tag saßen wieder alle in der großen, hellen Küche. Auf dem Tisch standen eine Kanne Kaffee und ein Teller mit Muffins. Dan und Alicia informierten sie über den neuesten Stand der Dinge. Die Stimmung war düster. Außer Dr. Taylor und den Zwillingen interessierte sich niemand für die Muffins.

„Bis jetzt hatten wir noch keine Gelegenheit, das tote Kalb zu untersuchen“, sagte Dan. „Aber wir beide gehen davon aus, dass das Junge durch die falsche Lage nicht genug Sauerstoff durch die Nabelschnur bekommen hat. Es war offensichtlich schon sehr schwach, als es auf die Welt kam. Wir hoffen, dass wir nach den Untersuchungen mehr wissen."

Er holte tief Luft und fuhr fort: „Trotzdem ist das kein Grund zu verzweifeln. Bella ist immer noch recht jung und gesund. Sie hat schon mehrere gesunde Babys zur Welt gebracht und sie erfolgreich großgezogen. Es gibt keinen Grund anzunehmen, dass sie das nicht wieder tun wird. Es ist gut möglich, dass sie nächstes Jahr schon wieder trächtig ist."

Sean hob die Hand.

Dan nickte ihm überrascht zu. „Ähm, bist du Sean oder Jimmy? Hast du eine Frage?"

„Ich bin Sean. Ich möchte gerne wissen, wie es Bella jetzt geht? Ist sie sehr traurig?"

Dan seufzte.

„Wir können nicht davon ausgehen, dass Delfine die Dinge genau gleich erleben wie wir Menschen", sagte er vorsichtig. „Wir wissen nicht genau, wie sie sich jetzt fühlt – das können wir nur vermuten – und ihr Verhalten beobachten."

„Weiß sie denn, dass ihr Baby tot ist?", fragte Brittany mitfühlend.

„Oh ja", nickte er. „Es war ganz klar, dass sie wusste, was passiert ist, als sie aufgehört hat, ihren Erkennungspfeifton von sich zu geben und das Kalb an der Wasseroberfläche zu halten. Danach ist sie noch den ganzen Tag bei ihrem toten Baby geblieben."

„Zur Fütterungszeit hat sie nicht auf uns reagiert", fügte Alicia hinzu.

„Das ist aber nicht gut", sagte Gina mit gerunzelter Stirn.

Alicia schüttelte den Kopf. „Ich glaube, das ist ein ganz normales Trauerverhalten. Wir wollten sie auf keinen Fall zum Fressen zwingen. Sie sollte selbst entscheiden, wie lange sie bei ihrem toten Baby bleiben wollte. Heute Morgen ist sie dann zu uns gekommen, um sich füttern zu lassen."

„Bella hat die Situation akzeptiert", schloss Dan. „Ich glaube, das sollten wir auch tun. Wir müssen nach vorn blicken und uns jetzt vor allem auf Evies bevorstehende Geburt konzentrieren."

Kapitel 10

10. September, Nachmittag
Wir warten jetzt schon seit Tagen darauf, dass es endlich losgeht, aber bis jetzt gibt es immer noch kein Anzeichen von Evies Baby. Allmählich wird die Stimmung immer angespannter, obwohl Dan meint, es wäre ein gutes Zeichen, dass es so lange dauert. In der Vergangenheit hat Evie nämlich ihre Jungen immer zu früh bekommen.
Brittany und ich kommen jetzt viel besser miteinander klar. Seit alle ihr „großes dunkles Geheimnis" kennen, ist es eigentlich keine große Sache mehr. Maddie hat mit ein paar früheren Lehrern von Brittany gesprochen, um zu

erfahren, ob sie spezielle Hilfe braucht und mit welchen Programmen sie gearbeitet hat. Im Moment warten wir gerade auf sie, bis sie mit den Schulaufgaben fertig ist, und dann gehen wir zu den anderen ins „Delfinland“. Aha, sie ist fertig. Vielleicht ist es heute endlich so weit!

Als Jody, Brittany, Maddie und die Zwillinge auf dem Gelände des Delfinzentrums ankamen, herrschte rege Betriebsamkeit am Delfinbecken.

Alicia stand neben Evie im seichten Wasser und Tamika und Dan standen am Beckenrand und halfen ihr bei irgendetwas. Gina machte Videoaufnahmen und Craig und einige andere Mitarbeiter beobachteten die Szene neugierig.

Jodys Herz begann vor Aufregung heftig zu klopfen. Bekam Evie ihr Baby? War etwas schief gegangen? Sie lief los. „Warum habt ihr uns nicht angerufen?“, fragte sie vorwurfsvoll und stellte sich neben ihre Mutter.

„Keine Panik, mein Schatz“, sagte Craig.

„Sie machen nur noch einmal eine Ultraschalluntersuchung“, erklärte Gina. „Um sicherzugehen, dass alles in Ordnung ist.“

Jetzt erst entdeckte Jody das moderne Ultraschallgerät am Beckenrand. Evie lag ruhig im Wasser, wie sie es gelernt hatte, während Alicia mit dem Schallkopf sanft über ihre Flanke strich.

Dan blickte auf das verschwommene schwarze Bild auf dem Bildschirm. Er nickte zufrieden. „Sieht gut aus. Allerdings glaube ich nicht, dass das Junge noch viel größer werden kann. Ich gehe davon aus, dass das Baby in den nächsten achtundvierzig Stunden zur Welt kommt."

Die Umstehenden begannen aufgeregt durcheinander zu murmeln.

„Fertig, Evie", sagte Alicia und gab dem Delfin einen freundlichen Klaps.

Evie gesellte sich gemächlich wieder zu den anderen Delfinen.

„Wie geht es Bella?", wandte sich Maddie an Alicia, nachdem sie aus dem Pool geklettert war.

„Schon sehr viel besser", antwortete die Tierärztin. „Eigentlich geht es ihr gut. Sie kümmert sich fast genauso liebevoll um Merlin wie Missy selbst. Hilfsbereitere Tanten als Bella und Lola kann man sich wohl kaum vorstellen."

„Manchmal ist es schon fast zu viel des Guten", erklärte Dan lachend. „Sie streiten sich förmlich darum, wer als Erstes behilflich sein kann. Dazu kommt, dass Missy in so einem kleinen Becken eigentlich gar keine große Hilfe braucht, um auf ihr Junges aufzupassen."

„Das gibt sich bestimmt, wenn Evies Kalb auf der Welt ist“, sagte Gina. „Dann gibt es immerhin zwei Babys, um die sich die Babysitter kümmern können.“

Alle lachten – allerdings nicht aus vollem Herzen. Jody ahnte, dass sie alle das Gleiche dachten: Vor kurzem hatten sie noch drei Babys erwartet … Sie umklammerte den kleinen silbernen Delfinanhänger, den sie um den Hals trug, und runzelte ängstlich die Stirn. Hoffentlich kam Evies Baby gesund zur Welt.

Die McGraths, Maddie und Brittany kehrten zum Abendessen auf die *Dolphin Dreamer* zurück und machten sich dann wieder auf den Weg zum „Delfinland“.

An diesem Abend war zwar keiner von ihnen für eine Wachschicht bei Evie eingeteilt, aber sie wollten auf keinen Fall etwas verpassen. Jody hegte den Verdacht, dass insgeheim jeder hoffte, als Erstes zu bemerken, wenn Evies Wehen einsetzten.

Selbst die Zwillinge waren von dem „Geburts-Virus“ (wie Craig ihn scherzhaft nannte) angesteckt. Die beiden Jungen kauerten mucksmäuschenstill am Beckenrand und starrten minutenlang ins Wasser. Jody konnte sich nicht erinnern, dass ihre Brüder schon einmal so lange still gesessen hatten.

Als Gina meinte, es sei Zeit zum Boot zurückzukehren und ins Bett zu gehen, stöhnte Jody laut auf. Ihr Protest hielt sich allerdings in Grenzen. Evie hatte an diesem Abend wie immer ihre Essensration verschlungen und Dan hatte gemeint, es würde bestimmt noch eine ganze Weile dauern, bis es wirklich losging.

„Morgen bringen wir unsere Schlafsäcke mit“, versprach Craig. „Und dann gehen wir erst wieder, wenn Evies Kalb auf der Welt ist!“

„Au ja, wir schlafen im Freien!“ Sean boxte seinen Bruder aufgeregt in den Arm. Jimmy hopste wie ein Gummiball auf und ab.

Brittany und Jody tauschten einen resignierten Blick und seufzten.

„Das wird hoffentlich nicht notwendig sein“, sagte Alicia. „Vielleicht bricht Evie ja mit der Tradition und bekommt ihr Baby morgens, wenn wir alle schön ausgeschlafen sind.“

Plötzlich meldete sich Brittany zu Wort. „Wenn Evie ihr Baby bei Sonnenaufgang bekommt, könntet ihr es doch ‚Morgenrot‘ nennen.“

„Stimmt, das ist ein schöner Name“, nickte Alicia. Sie tauschte einen kurzen Blick mit ihrem Mann und wandte sich wieder an Brittany. „Wenn das Baby ein Weibchen ist, nennen wir es vielleicht wirklich Morgenrot, ganz egal, wann es geboren wird!“

Jody nickte begeistert und Brittany strahlte übers ganze Gesicht.

Als sie wieder auf der *Dolphin Dreamer* waren, wankten die Zwillinge todmüde in ihre Kabine. In diesem Moment klingelte Ginas Funktelefon.

„Evie!“, stieß Brittany aufgeregt hervor.

Mit angespannter Miene beobachtete Jody ihre Mutter. Sie machte sich darauf gefasst, sofort wieder zum Delfinland zurückzulaufen. Ihre Mutter musste ihr nur ein Zeichen geben.

„Hallo?“, meldete sich Gina. Auf ihrem Gesicht erschien ein sorgenvoller Ausdruck. „Maria! Alles in Ordnung?“ Dann entspannte sich ihre Miene wieder und sie lächelte. „Oh, das ist ja schön. Was haben sie gesagt? Das ist ja toll! Mensch, ich freue mich ja so! Danke, dass du angerufen hast … Nein, Evie hat ihr Junges noch nicht bekommen. Wir hoffen alle, dass es morgen endlich so weit ist. Ja, natürlich sage ich dir Bescheid … Ich ruf dich morgen an. Dann können wir uns in aller Ruhe unterhalten. Ja, mach ich. Tschüss.“

„Tante Maria?“, fragte Jody, als ihre Mutter das Funktelefon weglegte. Man sah ihrer Mutter an, dass es gute Neuigkeiten gab.

Gina nickte lächelnd. „Sie haben sie wieder aus dem Krankenhaus entlassen. Der Arzt ist sehr zufrieden mit ihr. Der Blutdruck ist wieder runtergegangen. Und das Beste ist: Sie gehen davon aus, dass jetzt kein Risiko mehr für die Schwangerschaft besteht!"

Jody lief zu ihrer Mutter, um sie zu umarmen. Dabei stieß sie mit ihrem Vater zusammen, der offenbar die gleiche Idee gehabt hatte. Schließlich umarmten sie sich alle drei lachend. Als sie sich wieder voneinander lösten, fiel Jodys Blick auf Brittany, die verlegen in der Ecke stand.

Als Gina das sah, breitete sie lächelnd die Arme aus. „Komm mal her, Brittany. Lass dich mal von deiner Tante drücken. Sieht so aus, als hättest du demnächst sogar noch einen Cousin!"

Auf Brittanys angespannter Miene breitete sich ein scheues Lächeln aus und sie umarmte Gina dankbar.

„Wie wär's mit einer Kanne Tee?", schlug Craig vor.

„Gerne, Schatz", sagte Gina. „Aber mach Kamillentee. Sonst schlafen wir heute Nacht überhaupt nicht mehr."

„Meine Tasse bitte mit viel, viel Honig", sagte Jody. Sie fand, Kamillentee schmeckte wie Heu mit heißem Wasser.

„Aye, aye, Sir", erklärte Craig grinsend und ging zur Kombüse, als das Funktelefon erneut klingelte.

„Hallo?", sagte Gina. Sie riss die Augen auf. „Wir sind schon unterwegs!" Sie drückte auf einen Knopf und sagte: „Evie hat Wehen."

„Nichts wie hin!", rief Jody.

„Was ist mit Maddie?", fragte Brittany.

„Die hätte ich jetzt beinahe vergessen", sagte Craig. „Hoffentlich ist sie noch nicht im Bett. Bitte sei so nett und sieh nach, ob sie noch wach ist." Er verzog den Mund zu einem schiefen Grinsen. „Und ich kümmere mich inzwischen um Dr. Taylor … Wenn er allerdings schon schläft, werde ich mich hüten, ihn aufzuwecken!"

Es war Vollmond und fast taghell. Jody war so aufgeregt, dass sie nicht anders konnte als loszulaufen. Jedes Mal wenn sie etwas langsamer ging, um Atem zu schöpfen, musste sie an Bellas Kalb denken. Da waren sie auch alle schrecklich aufgeregt gewesen – und dann war alles schief gegangen. Ihr Magen zog sich ängstlich zusammen. Ob diesmal alles gut ging?

Gina gesellte sich zu Jody und legte ihr den Arm um die Schultern. Sie schien ihre Gedanken gelesen zu haben. „Hey, mach dir keine Sorgen. Es wird schon alles gut gehen!", sagte sie. „Evie hat doch einen guten Eindruck gemacht und bei der Untersuchung heute Morgen hat man genau gesehen, dass es dem Kalb auch gut geht."

Jody nickte. Ihre Mutter hatte Recht. Sie lief wieder los.

Als sie das Delfinzentrum erreichten, hatten sich bereits alle schweigend um das Delfinbecken versammelt. Große Spannung lag in der Luft. Jody sah Dans Arzttasche und noch andere Utensilien neben dem Pool liegen.

„Was ist passiert?", fragte Gina leise.

Tamika drehte sich um und lächelte ihnen zu. Sie schüttelte den Kopf. „Bis jetzt noch nichts", antwortete sie. „Alicia ist vor etwa zwanzig Minuten aufgefallen, dass die Delfine irgendwie unruhig waren. Normalerweise dreht sich immer alles um Missy und Merlin, aber das hat sich plötzlich geändert. Evie schwimmt in regelmäßigen Abständen durchs Becken und ruht sich dann wieder aus. Bella und Lola weichen ihr nicht von der Seite und ignorieren Missy völlig."

„Und was macht Missy?", fragte Maddie.

Tamika warf einen Blick ins Becken. „Sie passt auf, dass Merlin nicht im Weg ist. Allerdings gibt sie ziemlich viele Laute von sich. Wie die anderen auch."

Die unverwechselbaren Laute der Delfine drangen leise durch die stille Nacht.

Jodys Herzschlag beschleunigte sich und sie musste

unwillkürlich lächeln, als sie das vertraute und doch geheimnisvolle Klicken, Quietschen und Pfeifen hörte.

„Stimmt, so ähnlich klang das bei den anderen beiden Geburten auch“, meinte Craig.

Tamika nickte. „Ich finde, es klingt, als wollten sie Evie aufmuntern. So als würden sie sagen: ‚Du schaffst das schon!‘“

„Oder: ‚Vergiss nicht zu atmen!‘“, fügte Maddie grinsend hinzu.

Alle lächelten aufgeregt.

„Können wir ein bisschen näher rangehen?“, erkundigte sich Gina mit der Videokamera in der Hand.

„Klar“, nickte Tamika. „Alicia hat schon gesagt, dass Sie die Geburt filmen werden.“ Sie zwinkerte Brittany und Jody zu. „Ihr wisst ja, dass ihr leise sein müsst.“ Sie sah sich suchend um. „Wo sind denn überhaupt die Zwillinge?“

„Die haben schon geschlafen“, erklärte Gina.

„Genau wie Dr. Taylor“, fügte Craig hinzu.

„Er kann sich die Geburt ja später auf Video ansehen, und am besten von einem bequemen Fernsehsessel aus“, sagte Gina und begann sich nach einer guten Kameraposition umzusehen.

Die beiden Mädchen folgten ihr hastig. Jody trat an den Beckenrand und blickte gebannt ins Wasser. Das Mondlicht schimmerte auf der Wasseroberfläche. Evies dunkler Körper erschien langsam aus der Tiefe und glitt nach oben. Aus ihrer Atemöffnung zischte es leise, als sie Luft holte. Dann sank sie wieder nach unten.

Bella und Lola umgaben Evie von beiden Seiten. Jody hörte ihre leisen Klicklaute, die gedämpft durchs Wasser drangen. Evie erschauerte und ihre Schwanzflosse zuckte ruckartig durchs Wasser. Dann noch einmal.

Jody hielt den Atem an. Plötzlich entdeckte sie etwas Dunkles unter Evies Schwanzflosse. Sie ging in die Hocke und spähte mit zusammengekniffenen Augen ins Wasser. Ihre Hände waren zu Fäusten geballt … Dann entspannte sie sich. Sie hörte, wie ihre Mutter hinter ihr einen erleichterten Seufzer ausstieß. Sie hatten es beide gesehen: Das Kalb kam mit der Schwanzflosse zuerst zur Welt!

Evie erschauerte erneut. Bella glitt unter ihren großen Körper und drückte sie an die Wasseroberfläche, damit sie Luft holen konnte.

Jody sah, wie die kleine Schwanzflosse zuckte. Evie zuckte ebenfalls. Und einen Augenblick später glitt das Kalb aus Evies Körper. Obwohl es neben seiner Mutter klein aussah, war es sehr groß für ein Delfin-Baby. Es war viel größer als Merlin bei seiner Geburt – wahrscheinlich sogar noch größer als Merlin jetzt war! Und es hatte merkwürdige Falten im Gesicht.

„Keine Sorge, die Falten sind in ein paar Tagen verschwunden", sagte ihre Mutter leise, als hätte sie ihre Gedanken gelesen.

Alle atmeten erleichtert auf, als sie das Neugeborene sahen. Aber Jody war immer noch sehr angespannt. Sie wusste, dass die Gefahr noch nicht vorüber war. Ängstlich beobachtete sie Evie. Sie schien sehr erschöpft und bewegte sich nicht. Auch das Junge rührte sich nicht. Es trieb regungslos im Wasser und war immer noch durch die Nabelschnur mit seiner Mutter verbunden. Jody kaute nervös auf ihrer Unterlippe und fragte sich, warum Bella die Nabelschnur nicht durchbiss, wie sie es bei Missy getan hatte.

Bella schien auf irgendetwas zu warten. Einen Augenblick später bewegte sich Evie plötzlich wieder. Ihr großer kräftiger Körper schnellte ruckartig nach hinten und sie biss die Schnur durch, als hätte sie das schon hundertmal getan.

„Gut gemacht, Evie!", flüsterte Alicia.

Nachdem Evie die Schnur durchtrennt hatte, wurde Bella aktiv. Gemeinsam mit Lola schwamm sie zu dem kleinen Delfin und begleitete ihn zur Wasseroberfläche. Als der Kopf des Jungen die Wasseroberfläche durchbrach, öffnete sich das Atemloch. Das Kalb machte instinktiv seinen ersten Atemzug und ließ sich dann wieder unter Wasser sinken.

Doch dann schien es plötzlich nicht mehr zu wissen,

was es tun sollte. Es ruderte unbeholfen mit seinen Flossen im Wasser.

Bella kam ihm sofort zur Hilfe und begleitete es sanft zu seiner Mutter zurück.

Als das Baby Evies großen weichen Körper berührte, wurde es plötzlich ruhiger. Bella stupste es so lange, bis es die richtige Stelle unter Evies Schwanzflosse gefunden hatte. Es begann gierig zu saugen.

Jodys Augen füllten sich mit Tränen. Evies Kalb war geboren und es war gesund und lebte.

„Ein schönes, großes, gesundes Kalb“, sagte Dan leise. „Gut gemacht, Evie.“

„Kompliment an alle“, sagte Craig. „Ohne eure intensive Betreuung hätte es Evie bestimmt nicht geschafft.“

„Und ohne Bella auch nicht“, fügte Jody hinzu. „Wie gut, dass sie so tolle Tanten hat.“ Ihre Finger umschlossen den silbernen Delfinanhänger an ihrer Halskette. Sie sah zum Himmel auf. Die Sterne funkelten wie Diamanten auf schwarzem Samt. Von hier unten sahen sie so winzig aus, dabei waren sie in Wirklichkeit riesige Sonnen, deren Licht das unendlich weite Universum durchdrang. Jody fragte sich, ob es irgendwo da draußen noch einen anderen Planeten mit Lebewesen gab. Oder war die Erde der einzige derartige Planet?

Evie begann immer wieder den gleichen Pfeifton von sich zu geben. Es war ihr Erkennungspfeifton. Sie sagte ihrem Baby, wer sie war. Alle verstummten und lauschten andächtig dem Lied, das die frisch gebackene Delfinmutter sang.

Lies mich ...

Leseprobe aus dem
Ravensburger Taschenbuch 52303
„Delfinzauber – Die Melodie des Windes"
von Lucy Daniels

Cam hat Recht, dachte Jody. Brittany wollte partout nicht auf ihren Vater hören. Sie beschloss, es anders zu versuchen. „Willst du etwa in diesem schrecklichen Regen herumstehen? Komm lieber mit nach unten. Da ist es schön trocken."

Brittany war schon längst nass bis auf die Haut. Sie schüttelte trotzig den Kopf. „Da unten wird mir nur wieder schlecht. Ich bleibe hier, ob du willst oder nicht." Sie warf ihr einen herausfordernden Blick zu und stapfte mit entschlossener Miene in die Schiffsmitte. Doch das war keine gute Idee. Als erfahrene Seglerin wusste Jody, was jeden Moment passieren würde. Cam löste gerade den Baum – das war der untere Querbalken, an dem das Hauptsegel befestigt war, mit dem man die Richtung wechselte. Sie hörte auch seinen Warnruf – im Gegensatz zu Brittany, die viel zu sehr mit sich selbst beschäftigt war. Das schwere Rundholz schwang in ihre Richtung, genau auf Brittanys Kopf zu. Für Erklärungen blieb jetzt keine Zeit mehr. Jody packte Brittany am Arm und riss sie beiseite.

Brittanys Augen verengten sich zu schmalen Schlitzen und sie holte wütend mit dem Arm aus, als hätte Jody sie angegriffen und nicht versucht, ihr zu helfen. Jody duckte sich, um Brittanys Schlag auszuweichen, doch genau in diesem Moment kippte das Boot zur Seite und sie wurde nach vorne geschleudert. Verzweifelt ruderte sie mit den Armen auf der Suche nach etwas, woran sie sich festhalten konnte, aber außer Brittany gab es nichts. Als Jody sie erneut packte, verfärbte sich Brittanys Gesicht dunkelrot und sie stieß Jody mit aller Kraft von sich. Jody verlor das Gleichgewicht und merkte überrascht, dass sie gerade über Bord fiel.

Obwohl alles ganz schnell ging, schien der Moment, in dem sie ins Wasser fiel, eine Ewigkeit zu dauern. Jody blieb genug Zeit, um ungläubig zu realisieren, was gerade mit ihr passierte, und wütend auf Brittany und auf sich selbst zu sein. Wie konnten sie nur so unvorsichtig sein! Sie schaffte es sogar noch, die Luft anzuhalten, ehe sie ins Wasser eintauchte. Rasch strampelte Jody an die Wasseroberfläche zurück. Das Herz klopfte ihr bis zum Hals und ein Adrenalinstoß durchströmte ihren Körper. Sie hatte einen ordentlichen Schreck bekommen, aber Angst hatte sie keine. Sie war eine kräftige, erfahrene Schwimmerin und hatte, wie alle anderen Crewmitglieder auch, schon mehrmals geübt, wie man sich in so einer Situation verhielt. Allerdings war der Seegang damals längst nicht so rau wie jetzt gewesen, ganz zu schweigen von dem heftigen Regen, der ihr die Sicht nahm …

Jody versuchte ruhig zu bleiben und nicht in Panik zu geraten. Sie war nicht verletzt, das Wasser war warm und dunkel war es auch nicht. Bestimmt hatte Brittany längst Alarm geschlagen. Ihre Eltern und der Rest der Crew würden nach ihr Ausschau halten. Sie würden sie im Wasser entdecken. Cam würde die Leiter ins Wasser lassen und gleich würde sie wieder an Bord klettern. Sie musste sich nur über Wasser halten und so nah wie möglich beim Schiff bleiben …

Aber wo war das Schiff? Eigentlich hätte es direkt neben ihr sein müssen, doch sie konnte es nirgends entdecken.

Schlagartig bekam es Jody mit der Angst zu tun. Sie war verloren! Ihr Pulsschlag beschleunigte sich und sie rang nach Luft, während sie verzweifelt versuchte, nicht in Panik auszubrechen. Ihr Vater hatte ihr immer wieder eingebläut, in einer gefährlichen Situation unbedingt die Ruhe zu bewahren. Das Schiff konnte unmöglich verschwunden sein. Wahrscheinlich hatte sie unter Wasser nur die Orientierung verloren.

Mit zusammengekniffenen Augen spähte sie durch den dichten Regenvorhang und versuchte sich auf den Wellen zu halten, die über ihr zusammenzuschlagen drohten. Sie schwamm langsam im Kreis und suchte die Wasseroberfläche verzweifelt nach den Umrissen des Schiffes ab, von dem ihr Leben abhing.

Da war es! Aber es war so weit weg! Jodys Magen zog sich zusammen. Sie durfte auf keinen Fall an dieser Stelle hier bleiben und darauf hoffen, dass man sie fand. Ihre Familie konnte sie aus dieser Entfernung keinesfalls sehen.

Jody nahm all ihre Kraft zusammen und begann wild entschlossen der *Dolphin Dreamer* hinterherzuschwimmen und nicht weiter darüber nachzudenken, wie schwierig das sein würde. Der heftige Regen und Wind machten ihr die Aufgabe nicht gerade leicht und jede Welle schien sie weiter zurückzuwerfen.

Jody hielt einen Moment lang inne, um ihre Schuhe auszuziehen. Die Turnschuhe waren ganz neu und sie opferte sie nur ungern, aber das Gewicht der mit Wasser voll gesogenen Schuhe behinderte sie beim Schwimmen. Sie holte tief Luft und kämpfte sich mit gesenktem Kopf zielstrebig durch die Fluten. Doch jedes Mal, wenn sie kurz innehielt, um sich zu orientieren, schien sie der *Dolphin Dreamer* kein bisschen näher gekommen zu sein. Wie war das bloß möglich?

In diesem Moment wurde ihr klar, dass das Schiff noch voll in Fahrt gewesen sein musste, als sie über Bord gegangen war. Der Wind und die Strömung trieben es trotz gereffter Segel unaufhaltsam weiter, viel schneller, als sie je schwimmen konnte. Sie würde es nie einholen. Diese Erkenntnis schockierte Jody so sehr, dass ihr die Tränen in die Augen schossen. Aber sie durfte nicht aufgeben. Sie musste sich zusammenreißen, schließlich brauchte sie jetzt all ihre Kraft. Sie konnte nur hoffen, dass Brittany die anderen tatsächlich alarmiert hatte und ihre Familie sie suchen würde – auch wenn von hier aus nichts darauf hindeutete. Normalerweise hätten längst alle an der Reling stehen, das Wasser nach ihr absuchen und ihren Namen rufen müssen.

Jody versuchte verzweifelt auf sich aufmerksam zu machen. „Hilfe! Hilfe!" Ihre Stimme klang erschreckend leise mitten im endlosen Ozean und als sie den Mund öffnete, um ein drittes Mal um Hilfe zu rufen, klatschte ihr eine Welle ins Gesicht. Prustend verschluckte sie eine Ladung Salzwasser.

Es regnete immer noch in Strömen und es war gar nicht so einfach Luft zu holen, geschweige denn etwas zu sehen. Jody betete verzweifelt, das Schiff möge sich auf sie zu, anstatt von ihr weg bewegen. Sie mussten sie doch suchen! Das mussten sie einfach! Vielleicht war sie ja noch gar nicht so lange im Wasser, wie es ihr vorkam.

Keuchend und voller Verzweiflung zwang sich Jody dazu, der *Dolphin Dreamer* weiter hinterherzuschwimmen. Ganz egal, wie anstrengend es auch war, sie musste einfach weiterschwimmen. Irgendwann würde sie das Schiff erreichen. Sie war zwar erschöpft, aber keinesfalls bereit aufzugeben.

Doch dann sah Jody etwas, das ihr das Blut in den Adern gefrieren ließ. Eine dunkle, gebogene Rückenflosse tauchte zwischen den Wellen auf, verschwand und tauchte nur wenige Meter von ihr entfernt wieder auf. Ein Hai!

Jody dachte fieberhaft nach. Und jetzt? Der einzige Ratschlag, an den sie sich erinnern konnte: Wenn ein Hai in der Nähe ist, muss man schleunigst das Wasser verlassen. Aber der nützte ihr hier herzlich wenig. Haie konnten ganz harmlos, aber auch sehr gefährlich sein. Wenn der hier keinen Hunger hatte, konnte es gut sein, dass er einfach an ihr vorbeischwamm. Falls er allerdings doch Hunger hatte, dann waren ihre Chancen gleich null.

Die Rückenflosse verschwand und tauchte noch näher wieder auf. Jody griff verzweifelt nach dem silbernen Delfin an ihrer Halskette. Wenn sie jemals in ihrem Leben Glück gebraucht hatte, dann jetzt. Die Rückenflosse verschwand. Unter Wasser spürte Jody, wie etwas ihre Füße streifte. Sie schrie erschrocken auf. Sie konnte einfach nicht anders.

Doch als sie den sanften Druck gegen ihre Beine spürte, wurde ihr plötzlich klar, dass das gar nicht die raue Haut eines Hais, sondern die glatte Haut eines Delfins war. „Apollo?“, hauchte sie.

Der Kopf eines Großen Tümmlers durchbrach die Wasseroberfläche. Es war tatsächlich Apollo! Jody konnte kaum glauben, wie groß der Delfin von nahem war. Ihre Mutter hatte Apollo auf über drei Meter Länge geschätzt. Aber es war eine Sache, ihre Mutter und den Delfin von weitem zu beobachten, und eine andere, selbst mit so einem riesigen Tier im Wasser zu sein. Doch Jody hatte keine Angst. Warum auch? Das war schließlich Apollo. Sie blickte ihm direkt ins Auge. Es war groß, rund, braun und glänzend und verriet eindeutig Intelligenz. Der Delfin übte eine beruhigende Wirkung auf Jody aus. Einen Moment lang vergaß sie beinahe, in welcher Gefahr sie sich immer noch befand.

Apollo stupste ihre Hand an. Jody war verblüfft. Von ihrer Mutter hatte er sich nicht anfassen lassen und jetzt forderte er sie förmlich dazu auf ihn zu berühren. Er schwamm so nah an sie heran, bis seine Rückenflosse direkt unter ihren Fingern war. Plötzlich verstand Jody, was er wollte. „Du willst mich zur Jacht zurückbringen?“, fragte sie ungläubig. Dann schlang sie ihren Arm um den glatten, stromlinienförmigen Rücken des Delfins und hielt sich mit der Hand an der Rückenflosse fest. Sobald Jody Halt gefunden hatte, schwamm Apollo zielstrebig los und zog sie behutsam durchs Wasser